KB270248

정치가 마스터플랜

정치가 마스터플랜

초판1쇄 발행 2025년 9월 15일

지은이   theD마스터플랜연구소(이경윤)
발행인   조상현
마케팅   조정빈
편집인   김유진
디자인   김희진

펴낸곳   더디퍼런스
등록번호   제2018-000177호
주소   경기도 고양시 덕양구 큰골길 33-170
문의   02-712-7927
팩스   02-6974-1237
이메일   thedibooks@naver.com
홈페이지   www.thedifference.co.kr

ISBN   979-11-61255-59-0 03370

더스 | 더디 | 더디퍼런스 | 마이북

십대가 되고 싶은 직업 로드맵

더 디퍼런스

정치가 마스터플랜

theD마스터플랜연구소 지음(이경윤)

더 디퍼런스

나도 정치가가 될 수 있을까?

TV 뉴스를 틀면 대통령, 국회의원 등의 소식을 자주 접할 수 있다. 그 이유는 대통령과 국회의원 등이 우리나라 정치를 책임지고 이끌어가는 사람들이기 때문이다. 2024년 말과 2025년 초는 특히 대통령의 계엄 선포와 탄핵 사건으로 인해 어느 때보다 국민이 정치에 관심을 많이 가진 때였다.

TV 뉴스에 정치가들이 다투고 갈등하는 이야기가 주로 나오기 때문에 정치에 대해 부정적으로 생각하는 사람들이 많을 것이다. 하지만 정치가는 국민의 안전을 지켜줄 뿐만 아니라 나라를 살리고 국민을 행복하게 해줄 수 있기에 여러 직업 중에 가장 중요하고 보람된 직업이다. 지금 정치가들이 부정적인 이미지를 보이는 것은 우리나라 정치가 민주주의로 가는 여정에 있기 때문이므로 그 위에서 더 발전하면 이러한 문제는 차츰 해결될 것이다.

정치란 한마디로 한 나라를 다스리는 일을 뜻한다. 여기서 '다스린다'는 '다 살린다'라는 뜻에서 나온 말이다. 즉 나라와 국민을 다 살리므로 국가를 부강하게 하고 개인을 행복하게 해주는 것이 곧 정치가가 하는 일이다. 그런 점에서 정치가는 매우 보람된 일을 하는 멋진 직업이라고 할 수 있다.

만약 이러한 정치를 직업으로 삼고 싶다면 무엇부터 준비해야 할까? 정치가는 우선 나라를 이끌어가는 일이므로 리더십이 있어야만 할 수 있는 직업이다. 리더십이란 여러 다른 생각을 가진 사람들을 잘 이끌어가는 지도력이다. 이러한 리더십은 타고난 사람도 있지만 개발된 사람도 있다. 만약 리더십을 타고났다면 정치가를 하기에 매우 유리하다. 하지만 얼마든지 자기계발을 통하여 리더십을 키울 수도 있다. 청소년 여러분이 리더십을 키우기 위해서는 학교에서 친구들을 이끄는 역할을 맡거나, 개인뿐만 아니라 사회에 관심을 가져보는 것도 도움이 된다.

정치가가 되기 위해서는 대학과 전공을 잘 선택하는 것

도 필요한 방법이다. 대학의 학과 중에 정치와 관련된 학과로는 정치외교학과, 행정학과, 사회과학과, 국제학과, 법학과, 경제학과 등을 들 수 있다.

사실 정치는 한 분야의 전문가가 아닌 나라의 전반에 대해 지식과 경험을 갖추고 있는 사람을 필요로 하기에 다양한 분야의 지식을 쌓는 것이 중요하다. 한 사람이 이 모든 것을 다 공부하고 경험할 수는 없으므로 다양한 분야에 관심을 가지고 공부하는 태도가 필요하다. 특히 독서를 통한 간접 경험으로 다양한 분야의 지식과 경험을 습득할 수 있다.

이 책은 정치가가 되기 위한 A부터 Z까지의 내용을 모두 담고 있기에 잘 읽어보고 숙지하면 큰 도움을 얻을 수 있을 것이다. 우선 이 책의 1장에서는 정치의 의미와 역사, 정치가의 역할과 자질을 통해 정치가라는 직업의 본질을 이해할 수 있도록 구성했다.

2장에서는 정치에 관심을 갖는 방법부터 정당 가입, 선거 준비까지 정치가가 되는 현실적인 과정을 구체적으로 안내한다.

3장에서는 국회의원의 일과 자격, 필요한 역량과 윤리의식은 물론, 정치적 성장의 출발점으로서 국회의원을 조명한다.

4장에서는 대통령의 업무와 책임, 요구되는 리더십을 중심으로 국가 최고 지도자의 길을 실감나게 그려낸다.

5장에서는 정치와 관련된 다양한 직업과 변화하는 시대 속 정치가의 역할을 전망하며, 미래 정치의 방향성을 함께 고민한다.

《정치가 마스터플랜》을 읽고 멋진 정치가가 탄생하기를 기대해 본다.

theD 마스터플랜연구소

차례

1장

정치가는
어떤 직업일까?

정치란
무엇일까?

정치가가 되기 위한 첫 단계는 정치가 무엇인지 개념부터 아는 것이다. 오늘날 우리나라 정치가들이 좋지 않은 평가를 받는 이유는 정치를 마치 높은 자리에 올라 권력을 누리는 직업으로 알고 뛰어드는 사람이 많기 때문이다.

오늘날 우리나라의 정치계는 정치 전문가보다는 한 분야에서 어느 정도 성공을 거둔 전문가들이 더 높은 단계로 올라가기 위해 선택하는 경우가 더 많은 것이 사실이다. 이 때문에 제대로 된 정치가 이루어지지 않고 자신들의 이익과 권력에 이끌리는 정치를 하므로 여러 문제가 나타나고 있다. 따라서 바른 정치의 개념을 아는 것은 좋은 정치가가 되기 위해 무엇보다 중요한 단계라고 할 수 있다.

좋은 정치가가 되려면?

정치가는 정치를 하는 직업을 가진 사람을 말한다. 따라서 정치가가 되기 위해서는 먼저 정치가 무엇인지 정확한 개념부터 알아야 한다. 정치(政治)를 한자 뜻 그대로 해석하면 '바르게 다스린다'는 뜻이다. 다스릴 정(政) 자는 '바를 정(正)' 자와 '채찍질할 복(攵)' 자가 합하여 만들어진 글자로, 바르게 되도록 채찍질한다는 뜻이다. 즉 다스린다는 뜻에는 잘못된 것이 바르게 되도록 한다는 뜻이 담겨 있다. 다스릴 치(治) 자 역시 다스린다는 뜻이 포함되어 있으므로, 정치란 나라와 국민이 바르게 되도록 다스리는 일을 뜻한다고 볼 수 있다. 나라와 국민이 잘못된 길을 가지 않고 바른길을 가면 그 나라는 부강해지고 국민은 행복해진다.

나라와 국민이 바르게 되도록 이끌기 위해서는 이런 일을 책임 맡아서 할 사람이 필요하다. 이러한 사람을 정치가라고 하는데, 정치가에게는 나라와 국민을 다스리는 일을 할 수 있도록 권한이 주어진다. 이러한 권한을 권력이라고 하며, 정치가는 이 권력을 가지고 나라와 국민을 다스릴 수 있게 된다. 따라서 정치는 권력을 바탕으로 법률과 정책을 만들어 나라와 국민이 바르게 되도록 다스리는 일을 하는 직업이라고 정의할 수 있다.

이러한 정치에서 중요한 부분은 개인의 이익만이 아니

라 사회 전체의 이익을 위해 노력해야 한다는 점이다. 과거 왕조시대에는 나라의 주인인 왕이 정치를 하였기 때문에 개인의 이익이나 사회 전체의 이익을 위한 정치를 하는 데 부족한 점이 있었다. 그러나 국민이 주인인 민주주의 국가에서는 개인의 이익과 사회 전체의 이익을 도모하는 정치가 과거 왕조 시대보다 훨씬 발전한 모습을 보인다.

정치가 해야 할 또 다른 중요한 역할 중 하나는 사회적 갈등을 해결하는 일이다. 오늘날 국가는 거대한 조직과 단체 및 개인으로 이루어져 있으므로 갈등이나 다툼이 생길 수밖에 없다. 이럴 때 정치는 각 개인과 조직의 의견 차이, 이해관계의 충돌 등을 협상과 타협을 통해 해결하는 일도 해야 한다. 왜냐하면 이러한 갈등과 다툼이 해결되지 않으면 이는 개인과 조직의 손해는 물론 국가의 혼란으로도 이어질 수 있기 때문이다.

민주주의 정치란?

오늘날 우리나라는 민주주의 정치제도를 채택하여 시행하고 있다. 정치에서 중요한 것은 권력인데, 민주주의 정치란 나라를 다스릴 주도적인 권력이 국민에게 있는 정치제도이다. 하지만 국민이 모두 나라를 다스릴 수 없기 때문에 민주주의 정치에서는 선거라는 제도를 통하여 대표자를 뽑아서 정치권력을 맡기는 구조로 되어 있다. 그런 점에서 선거는 민주주의 정치의 꽃이라고 할 수 있다.

과거 왕권 국가나 독재국가에서는 왕이나 독재자가 법 위에 있었기 때문에 인권(인간의 권리)이 무시되거나 지켜지지 않는 경우가 많았다. 그에 반하여 등장한 것이 민주주의 정치로, 민주주의 정치에서는 국민의 인권 보장을 가장 중요하게 여긴다. 이를 위해 민주주의 정치는 권력이 한 곳에 집중되지 않도록 정부를 입법부(법을 만드는 곳, 국회), 행정부(법을 시행하는 곳, 대통령, 총리 등), 사법부(법대로 판결하는 곳, 법원)로 권력을 분립하여 정치적인 균형을 유지하도록 하고 있다. 심지어 민주주의 정치에서는 대통령까지 견제할 수 있도록 장치하여 최고 통치자라도 헌법을 어기면 심판할 수 있는 '탄핵'이라는 제도를 두고 있다. 그런 점에서 민주주의 정치는 최고 통치자보다 법이 더 우위에 있는 제도라고 할 수 있다.

정치에서 중요한 일 중 하나는 국가의 경제를 발전시켜 국민이 잘 살도록 하는 것이다. 경제적 풍요가 국민의 행복과 직결되기 때문이다. 그 외에 다른 국가의 침략이나 내부의 분쟁으로부터 국민의 안전을 지키는 일도 정치에서 중요하다. 국민은 안전이 보장될 때 불안한 삶에서 벗어날 수 있다. 이와 같은 경제발전과 안보를 이루어내기 위해 국가

간에도 좋은 관계를 유지하는 것이 필요한데, 이렇게 외국과 관계 맺는 것을 외교라고 한다. 외교를 잘하는 것도 정치의 중요한 부분이다.

정치의 궁극적인 목적은 나라의 안전과 복지, 경제발전을 이루어내어 국민이 안전하게 잘 살도록 해주는 것이다. 이러한 목적을 이루기 위해서는 정치가들만이 아니라 모든 시민이 참여하고 협력하는 것이 중요하며 이것이 민주주의 정치의 가장 올바른 모습이다.

정치가의 역사와 범위

오늘날 우리는 정치가라는 직업이 있다는 것을 알고 있다. 그렇다면 정치가라는 명칭은 역사적으로 언제부터 사용되었을까?

정치가라는 직업의 역사

고대에는 정치라는 분야가 별도로 정해진 것이 아니라 지도자가 나라의 전반적인 일을 모두 담당했다. 그래서 정치가라는 용어보다 지도자라는 용어가 더 많이 사용되었다. 예를 들어 고대에는 종교 지도자가 국가를 다스리는 경우가 많았는데, 이때 종교 지도자는 종교적 제사 의식도 행해야 했다. 또, 다른 나라와 전쟁이 터지면 지도자는 전쟁에 직접 참여하면서 오늘날 군대의 장군 역할도 했다.

이러한 현상은 중세까지 이어졌기 때문에 당시까지도 정치가라는 명칭보다는 지도자라는 명칭이 더 많이 쓰였다. 왕정 시대에는 철저한 계급사회였기 때문에 귀족 계급만이 지도자의 역할을 할 수 있었다. 중세 봉건시대에는 영주와 기사가 지도자의 역할을 하였다. 이처럼 근대시대까지 정치 분야만이 아니라 국가의 모든 분야에 관여했으므로 아직 정치가라는 명칭이 등장하지 않았다. 결국, 정치가라는 명칭이 등장한 것은 정치가 하나의 분야로 독립된 근대 이후의 일이다.

정치가가 등장하다!

정치가의 등장에 가장 큰 영향을 끼친 것은 산업혁명과 민주주의이다. 산업혁명 과정에서 일을 조직적으로 수행하기 위해 분업화가 이루어졌으며, 민주주의는 국가를 체계적으로 운영하기 위해 입법, 사법, 행정 등으로 각각의 분야를 나누었기 때문이다.

이렇듯 국가를 다스리는 일도 분업화되면서 비로소 정치라는 고유한 분야가 탄생할 수 있었다. 종교 지도자는 종교 분야로 분리되었으며, 군사 지도자 등은 국방 분야로 분리되었다. 정치가 하나의 고유한 분야로 분리되면서 비로소 정치가라는 명칭이 사용되기 시작했다. 따라서 정치가라는 명칭이 사용된 것은 민주주의가 발전하기 시작한 근대 이후의 일이다. 이때부터 정치가는 정치 활동만을 할 수 있도록 자격과 지위가 부여되었으며, 이후 정치가나 정치인이라는 용어가 활발히 사용되기 시작했다.

정치가라는 직업의 범위

정치가는 정치를 하는 직업을 가진 사람을 뜻하는 말이지만 법적으로 정해진 용어는 아니다. 역사적으로 정치 활동에 참여하거나 정치적 역할을 맡고 있는 사람들을 정치가 또는 정치인이라 불러왔다. 이 때문에 어떤 직업이 정치가에 해당하는지에 대해서는 개인이나 나라마다 보는 기준이 다르다.

우리나라에서 정치가라고 하면 머리에 떠올리는 몇몇 직업이 있다. 예를 들어, 대통령, 국회의원, 도지사 등으로 불리는 직업들이다. 이러한 직업들은 민주주의 제도의 꽃이라 불리는 선거에서 당선되어야 일할 수 있다.

법적으로 인정받는 정치가가 되면 국가로부터 임금을 받기 때문에 공무원의 신분이 된다. 또 자신과 함께 일할 사람을 임명하는 권한이 주어지는데 이렇게 임명된 사람을 정무직 공무원 또는 별정직 공무원이라고 한다. 일반 공무원은 공무원 시험을 통하여 뽑는데, 이렇게 뽑힌 공무원은 공무원법으로 정년까지 근무할 수 있다. 하지만 정무직 공무원이나 별정직 공무원은 자신을 임명한 고위직 공무원의 임기까지만 근무할 수 있다. 그런 점에서 선출로 뽑힌 고위직 공무원과 정무직 공무원, 별정직 공무원은 정치가의 범위에 든다고 볼 수 있다.

만약 정치가를 정치하는 사람으로 넓게 정의한다면 아직 선거에서 당선되지 못한 사람까지도 정치가라고 할 수 있을 것이다. 그런데 이러한 정치가들은 다른 직업과 달리 정치적 활동만으로는 돈을 벌 수 있는 방법이 매우 한정되어 있다. 그래서 정치가들은 어떻게든 법적으로 인정받는 정치가가 되기 위해 노력하는 것이다. 이러한 법적 정치가가 되기 위해서는 선거에 나가 당선되거나, 당선된 정치가를 보좌하며 정무직 공무원이나 별정직 공무원으로 일하는 방법이 있다.

정당 정치와 함께 발전한 민주주의

법적 정치가의 입문처라고 할 수 있는 의회제도의 역사를 살펴보는 것은 오늘날의 정치를 이해하는 데 도움이 된다. 왕정 제도에서 국가의 중요한 결정은 왕이 내리지만, 민주주의 제도에서는 국민의 대표기관이라 할 수 있는 의회제도를 둠으로써 의회가 결정을 내릴 수 있도록 했다. 이

러한 의회의 권한은 막강하기에 의회는 곧 정치의 중심이
라고 할 수 있다.

따라서 정치가가 되고자 한다면 결국 의회의 문을 두드
려야 하며, 의원에 당선되면 곧 정치가가 되는 코스로 여겨
지기도 했다. 이러한 의원 활동을 잘하면 국가의 중요한 지
도자가 될 수 있었으며 가장 높은 정치가인 대통령이나 총
리까지 되었던 역사가 지금까지 이어져 오고 있다. 예를 들
어, 역사상 유명한 총리인 윈스턴 처칠이 의회의 의원 출신
이었으며, 링컨 대통령 또한 의회의 의원 출신이었다.

의회의 권한이 이처럼 막강하므로 여러 사람이 함께 의
회의 권력을 잡고자 하는 차원에서 정당이 만들어졌다고
할 수 있다. 사람의 생각이 다 다른 것처럼 정치를 하는 과
정에서도 정치적 의견이 다를 수밖에 없다. 다른 생각은 충
돌하게 되어 있는데, 이때 비슷한 정치적 견해를 가진 사람
들끼리 모여 만든 것이 '정당'이다.

민주주의 제도에서 최초로 정당이 만들어진 사건은 17
세기 영국에서 일어났다. 당시 영국은 청교도 혁명과 명예
혁명을 거치면서 의회와 국왕의 갈등이 매우 커졌다. 이런
과정에서 함께 정치적 견해를 나누는 정당들이 만들어졌는
데, 토리당과 휘그당이 대표적인 예이다. 이때를 계기로 영
국에서는 정당 정치가 본격적으로 발전하기 시작했다. 이

러한 정당 정치의 영향은 18세기 프랑스로 이어졌으며, 프랑스는 프랑스 혁명을 겪으면서 혁명파와 보수파 정당이 생겨났다. 이것이 오늘날 좌파 정당과 우파 정당으로 발전하고 있다.

19세기에는 유럽 전역과 미국에까지 정당 정치가 이어지면서 정당 정치는 민주주의 정치제도의 기본으로 자리 잡게 된다. 미국에서는 민주당과 공화당 양당 제도가 확립되었으며, 유럽에서는 노동자와 농민을 대표하는 사회당, 공산당 등과 같은 정당들이 등장하기도 했다.

이러한 정당 정치제도가 그대로 우리나라에 들어왔고 오늘날 우리나라도 정당 정치에 의해 정치가 이루어지고 있다. 따라서 정치가가 되고자 하면 우선 정당에 가입해야 하고, 정당의 이름으로 선거에 나가 당선되는 과정을 거친다.

우리나라에서 정치가는 누구일까?

정치가는 정치를 하는 사람을 통틀어 표현하는 명칭이다. 그렇다면 구체적으로 정치가에는 어떤 종류가 있는지 알아보도록 하자. 정치가의 범위를 크게 보면 대통령과 국회의원부터 사회운동가까지 정치를 하는 모든 직업이 다 포함된다.

법적 정치가의 종류

법적으로 인정되는 정치가 중에서 대통령은 대통령제 국가에서 가장 높은 지위에서 정치를 하는 대표적인 정치가이다. 대통령은 행정부를 이끌 뿐만 아니라 국방에서도 최고 위치에서 나라를 지키며, 다른 나라와의 관계에서도 외교의 수반을 담당하는 중요한 역할을 한다.

대통령 다음으로 높은 지위에 있는 정치가로 국무총리가 있다. 우리나라는 국무총리, 미국에서는 부통령이라 칭한다. 국무총리는 행정부에서 대통령 다음으로 지위가 높은 내각의 수장으로, 대통령에 의해 임명되는 자리이다. 대통령제 국가에서 행정부는 나라를 효과적으로 다스리기 위해 다양한 분야를 담당하기 위한 부처들을 두고 있다.

각 부처로는 외교 관계를 담당하는 외교부, 국가의 재정과 세금을 담당하는 기획재정부, 국가 방위를 책임지는 국방부, 국가 내의 안전과 치안을 담당하는 내무부, 교육을 담당하는 교육부, 국민의 건강과 복지를 담당하는 보건복지부, 환경을 담당하는 환경부, 교통을 담당하는 교통부 등이 있다. 이러한 각 부처의 장을 장관이라고 하는데, 국무총리는 이 장관들의 수장이라고 할 수 있다. 그리고 장관 역시 각 부처의 수장이고 국무총리와 대통령에 의해 임명되므로 정치가이다.

대통령과 국무총리가 행정부를 책임진다면 국회의원은 삼권 분립의 원칙에 따라 입법부를 책임지는 정치가이다. 입법부는 법안을 만들고, 행정부는 법을 집행하며, 사법부는 법을 심판하는 일을 한다. 따라서 국회의원이 주로 하는 일은 국민이 잘 살 수 있도록 하는 법을 만드는 일이다. 동시에 국회의원은 정부를 감시하고 잘못된 것을 바로잡는 일도 하기에 권력의 균형을 맞추는 중요한 역할을 하는 정치가이다.

정당 지도자도 중요한 정치가이다

현대 민주주의 제도는 정당 정치를 기본으로 하기 때문에 정당 지도자도 큰 비중을 차지하는 중요한 정치가라고 할 수 있다. 정당이란 권력을 잡는 것을 목표로 하는 정치 집단을 뜻한다. 우리나라에서는 현재 '민주당', '국민의 힘' 등이 대표적인 정당이다. 정당이 중요한 이유는 결국 정치가는 이러한 정당에서 활동하므로 정치력을 키워 국회의원도 되고 대통령도 될 수 있기 때문이다.

정당의 지도자는 정당의 정책을 이끌면서 당의 입장을 대변할 뿐만 아니라 선거에서 중요한 역할을 하기 때문에 가장 중요한 정치가이다. 대개 정당의 지도자는 당 대표, 최고위원, 원내대표, 사무총장, 대변인 등으로 구성되어 있다.

지방자치단체장도 정치가이다

우리나라는 지방자치제도를 시행하고 있기 때문에 지방자치단체장 역시 중요한 정치가이다. 지방자치단체장은 그 지방의 정치를 책임지는 일을 하고 있다. 우리나라에서 가장 높은 지위에 있는 지방자치단체장으로는 도지사를 들수 있으며 경기도지사, 강원도지사, 충북도지사, 충남도지사, 경북도지사, 경남도지사, 전북도지사, 전남도지사, 제주도지사 등이 있다. 그 아래에 시장, 군수 등을 두고 있다. 도지사, 시장, 군수까지 선거로 뽑으며 그 아래 직책은 임명으로 뽑는다.

지방자치단체장도 국회의원이나 대통령같이 선거에 의해 선출된다. 따라서 선거에 당선이 되어야만 지방자치단체장이 될 수 있다. 그런데 우리나라는 정당 정치가 강하기 때문에 지방자치단체장이 되기 위해서도 정당의 힘이 필요하다. 이 때문에 지방자치단체장이 되기 위해서도 정당 활동은 거의 필수적이다.

그 외의 정치가들

앞서 살펴본 정치가는 법적으로 인정받는 정치가들이다. 이들은 대부분이 정당 중심으로 활동하여 그 지위에 오른 경우가 대부분이다. 하지만 정치가의 범위를 넓게 보면 정당 바깥에서 활동하는 정치가도 얼마든지 있다. 정당에 소속되지 않으면서도 사회에서 정치 활동을 하는 사람들이 있는데 이들을 재야의 정치가라고 표현하기도 한다. 요즘 정치에 참여하는 정치 유튜버들, 사회운동가들, 노동운동가들은 대표적인 재야의 정치가들이라 할 수 있다. 이들은 사회의 변화와 정치적 변화를 이루기 위해 노력하는 정치가들이다.

한편, 겉으로 보기에는 고위공무원처럼 보이지만 실질적으로는 정치가의 성격을 띠는 직업도 있다. 외교관은 국가 간의 외교를 담당하는 일을 하는데, 이때 국익을 위해 협상하고 관계를 강화하는 역할을 하기에 정치가의 성격을 띠고 있다. 또 법관은 사법부에서 활동하는 공무원처럼 보이지만 법을 통하여 사회의 정의를 구현하기 위해 정치적 결정을 내릴 수 있으므로 정치가의 성격을 띠고 있다. 그 외 장관, 차관 등 정부 고위 공직자들도 중요한 행정적 역할을 수행하는 과정에서 정치적 선택을 해야 하므로 정치가의 성격을 띠고 있다.

대통령제 국가와 내각책임제 국가의 차이

정치가를 이해하는 과정에서 대통령제 국가와 내각책임제 국가에서 정치가의 지위와 명칭은 어떻게 다를까? 대통령제 국가와 내각책임제 국가는 권력 구조에서 큰 차이를 보이는 정치제도이다. 대통령제 국가에서 국가의 최고 수장은 대통령이고, 내각책임제 국가에서 국가의 최고 수장은 대통령과 총리가 나누어 가진다.

먼저 대통령제 국가에서 최고 수장인 대통령은 선거를 통해 선출된다. 이때 대통령이 국가의 최고 지도자로서 나라를 이끌어가지만, 권력의 집중을 막기 위해 행정부와 입법부를 엄격히 분리하고 있다. 즉 대통령과 국회는 서로 독립적으로 존재한다. 이러한 대통령제를 시행하고 있는 국가는 우리나라 외에 미국이 대표적이다.

내각책임제는 최고 지도자를 대통령 한 사람에게 집중시키는 대통령제와 달리, 대통령과 총리 또는 국왕과 총리 등으로 권한을 나누는 점에서 큰 차이가 있다. 이때 대통령이나 국왕은 명목상 최고 지도자일 뿐 실제 국가 운영에는 참여하지 않는다. 실제적인 최고 지도력은 총리가 담당하므로 내각책임제 국가의 실질적인 최고 지도자는 총리이다.

그런데 이러한 총리를 뽑는 방법은 대통령제와 다르다. 정부의 수반인 총리는 선거가 아니라 의회에서 선출된다. 이때 내각책임제는 총리가 의회의 신임을 받지 못하면 언제든지 물러날 수 있는 제도를 갖추고 있다. 그런 점에서 내각책임제는 행정부와 입법부가 분리된 대통령제와 달리 행정부가 의회의 일부로 존재하는 형태를 띠고 있다고 할 수 있다.

또 대통령제에서 총리와 장관들은 대통령이 임명하는 방

식으로 선출되지만, 내각책임제에서 총리와 장관은 의회에
서 선출된다는 점에서 큰 차이가 있다.

정치가라는
직업의 특징

정치가라는 직업의 가장 중요한 특징은 공공의 이익을 위해 일한다는 점을 들 수 있다. 여기서 공공의 이익이란 개인의 이익이 아닌 사회 전체, 즉 국가나 지역 사회의 전체 구성원에게 이로운 것을 의미하기에 이러한 일을 하기 위해서는 이타심이 필요하다.

정치가의 특징

정치를 개인의 욕심이나 이기심으로 접근하면, 공공의 이익보다 개인이나 소수 집단의 이익을 우선하게 되므로 이를 경계해야 한다. 정치를 하면서 국가나 지역 사회의 전체 구성원에게 이로운 결과를 가져오는 것은 쉽지 않다. 왜냐하면 사회 구성원은 매우 다양하고 서로 다른 성격과 특징을 갖고 있기 때문이다.

예를 들어, 정치관이나 종교관이 다를 수 있다. 사회적 가치와 윤리의식에서도 차이가 날 수 있다. 정치가는 이처럼 다양하고 서로 다른 사회 구성원에게 이로운 결과를 낼 수 있도록 정책을 기획하고 추진해야 한다. 그런 점에서 단순히 정치적 욕심만 가지고는 좋은 정치가가 될 수 없다. 정치가는 공공의 이익을 실현할 수 있는 정책적 실력이 있어야 한다.

이러한 정책적 실력은 단지 좋은 학벌과 스펙만으로 길러지지 않는다. 현장 경험이 중요하며 이때 대중과 소통하는 일도 실력의 중요한 부분을 차지한다. 좋은 정치가는 이러한 모든 경험을 통합하여 다양한 사회적, 경제적 문제를 해결하기 위한 정책을 제안하고, 토론하며, 법률을 만들거나 개정하는 일을 할 수 있어야 한다.

정치가의 능력과 태도

한편 정치가가 되기 위해서는 결국 선거라는 관문을 통과해야 한다. 선거는 국민의 선택을 받는 것이므로 정치가는 선거 운동을 하고 연설할 수 있는 능력을 갖추어야 한다. 또 자신을 알리기 위해서는 뉴스에 출연하거나 미디어 활동 등을 해야 하므로 논리적인 언변 능력을 갖추는 것도 중요하다.

좋은 정치가의 실제적인 능력은 다양한 이해관계자들과의 갈등 해결 능력에서 나타난다. 사회적 갈등을 해결하는 능력이 있는 정치가는 대중의 지지와 박수를 받을 수 있다. 이를 위해 정치가는 갈등 해결 능력, 협상 능력, 협력 능력 등을 갖추어야 한다. 이러한 능력을 갖출 때 다양한 이익집단을 조정하고 사회적 합의를 끌어낼 수 있다.

그러나 정치가는 아무리 뛰어난 능력을 갖추었다고 해도 윤리 정신을 무장하지 않으면 언제라도 추락할 수 있다. 우리는 뉴스에서 뇌물을 받거나 좋지 않은 사건에 휘말려 순식간에 신뢰를 잃는 정치인들의 이야기를 자주 접한다. 따라서 정치가는 올바른 윤리의식을 가져야 하며 부패 방지를 위해 노력해야 한다. 무엇보다 국민의 신뢰를 잃지 않도록 정직한 자세로 공직을 수행해야 한다.

정치가가
하는 일

정치가가 되면 구체적으로 어떤 일을 하게 될까? 정치가는 활동 분야에 따라 구체적인 역할이 다르지만, 정치 전반의 차원에서 정치가가 수행하는 주요한 일에 대해 알아보자.

정책을 만드는 일

정치가가 하는 첫 번째 일은 사회적, 경제적 문제를 해결하기 위한 정책을 만드는 것이다. 네댓 명으로 구성된 한 가정에서도 여러 가지 문제가 발생하기 마련인데, 5천만 명이 모여 살고 있는 국가 단위에서는 얼마나 많은 문제가 발생하겠는가? 우리 사회는 크게 교육, 사회문화, 보건, 경제, 국방, 외교 등의 분야로 이루어져 있다. 정치가는 이러한 각 분야에서 발생하는 온갖 문제를 해결하거나 발전시키기 위한 정책을 기획하고 만들어야 한다. 여기서 정책이란 당면한 문제를 해결하기 위한 방안을 뜻한다.

정치가가 세워야 할 중요한 정책 중 하나는 국가의 살림과 관련된 재정 정책이다. 이를 위해 정치가는 국가 예산을 편성하고 어떤 사업에 얼마를 쓸지 등을 결정하는 일을 한다. 예를 들어 국방 예산을 책정하거나 복지 예산을 조정하는 것 등을 들 수 있다.

이러한 정책을 바르게 세우기 위해 정치가는 대중과 소통하며 여론을 수렴하고 국민이 원하는 방향으로 정책을 수립하기 위해 노력해야 한다. 이를 위해 공청회를 열거나 공개 토론, 유튜브나 SNS 활동 등을 할 수 있다. 정치가는 이렇게 국민의 요구를 듣고 사회적 합의를 끌어내는 역할도 한다.

이렇게 하여 정책이 만들어졌다고 바로 시행할 수 있는 것은 아니다. 정책이 시행되기 위해서는 법률로 제정하는 일이 필요한데, 이때 입법부 정치가들이 그 일을 한다. 정책이 법률로 제정되면 비로소 정책이 확정되어 공무원들이 이것을 집행하므로 정책을 실행할 수 있게 된다.

이때 정책이 성공하면 국가는 발전할 수 있지만, 실패하면 오히려 퇴보할 수도 있다. 이처럼 정치가는 중요한 정책을 세우고 결정하는 일을 한다. 정치가가 만든 정책의 대표적인 예로 최저임금법 제정, 환경 보호법 강화, 의료보험 확대 등을 들 수 있다.

정책을 관리하고 갈등을 해결하는 일

정치가는 행정부 고위직에서 행정을 관리하며 정책 실행에 관여하게 된다. 예를 들어 경제 정책을 추진하거나 복지 정책을 실행하는 것 등이 그것이다.

정치가가 해야 할 중요한 일 중 하나가 국민의 복지와 관련된 일이다. 우리 사회에는 어렵게 살아가는 사회적 약자와 취약 계층이 있다. 정치가는 이들을 위한 복지 정책을 마련하고 실행하여 사회 안전망을 구축하는 역할을 해야 한다. 아동과 노인 복지 제도, 기초연금 제도, 실업급여 제도를 시행하는 것 등이 대표적 예라고 할 수 있다.

세상에 완전한 정책은 없기에 이러한 정책이 시행되더라도 우리 사회에는 다양한 갈등 문제가 나타날 수밖에 없다. 이때 정치가는 갈등을 해결하고, 협상을 통해 합의에 도달하는 역할을 할 수 있어야 한다. 예를 들어, 기업에 노사분쟁이 발생했을 때 노사 간 갈등을 조정하는 일을 할 수 있다.

정치가는 국민을 대변하는 역할을 해야 한다. 민주주의

국가에서 주권은 국민에게 있으며 정치가는 선거를 통해 국민의 선택을 받은 존재이기 때문이다.

안전과 외교를 책임지는 일

국민의 안전을 위협하는 일은 끊임없이 발생한다. 먼저 태풍이나 홍수 등으로 인한 자연 재난이나 건물 붕괴 등으로 인해 안전이 위협받는 경우를 생각해 볼 수 있다. 또 전염병 발발, 경제위기, 환경파괴, 식품 안전 사고 등으로 인해 안전이 위협받는 일도 있다. 또 강도나 폭행, 나아가 폭동이나 전쟁 등으로 안전이 위협받기도 한다.

국가는 이 모든 위협으로부터 국민을 보호할 의무가 있다. 그래서 각종 안전장치와 질병 관리 기관을 두고, 유통되는 식품도 엄격히 관리한다. 아울러 경찰 제도를 두고 있으며 거대한 군대조직을 유지하고 있다. 나아가 외교부를 두어 다른 나라와 좋은 관계를 맺기 위해 노력하고 있다.

이처럼 국민의 안전을 지키고 적으로부터 국가를 보호하는 일은 정치가가 해야 할 중요한 일에 해당한다. 그럼에도 불구하고 국민의 안전을 위협하는 일이 발생할 수 있는데, 이때 정치가는 국가적 위기 상황에서 비상 대응을 지휘해야 한다.

사람과 마찬가지로 국가는 고립된 존재가 아니라 여러

나라와의 상호 관계 속에 놓여 있으므로 우호적이고 건설적인 관계를 형성하는 일 또한 국가 발전에 중요한 요소이다. 이것을 '외교'라고 하는데 정치가는 외교 관계를 잘 맺는 일도 해야 한다. 이 때문에 각 나라에 대사관을 두고 있으며 대통령은 각 나라의 방문을 받거나 직접 필요한 나라를 방문하여 정상회담 등을 갖기도 한다.

이처럼 정치가란 국가의 안전을 지키고 발전시키기 위한 모든 일을 하는 직업이다.

정치가에게 필요한 성격과 능력

정치가는 국가의 가장 높은 위치에서 국가를 부강하게 하고 국민의 행복을 책임지는 일을 하는 직업이기 때문에 특별한 성격과 자질, 능력 등이 요구된다.

정치가에게 필요한 성격과 성품

정치가는 학급으로 치면 임원과 같은 역할을 하는 사람이다. 따라서 많은 사람을 이끌어야 하는 위치에 있기 때문에 나약하거나 수동적인 성격으로는 수행하기에 어려움이 따를 수 있다. 어떤 직업보다 강인하면서 주도적인 성격이 요구되는 직업이 바로 정치가이다. 사람의 성격은 타고나는 것도 있지만 환경과 노력에 의해 어느 정도 계발시킬 수 있는 부분도 있다. 이렇게 계발된 성격을 성품이라고 하는데, 정치가를 꿈꾼다면 어릴 적부터 강하며 주도적인 성품을 키우기 위해 노력해야 한다. 약한 성격이라도 어려운 일을 많이 겪다 보면 강해질 수 있으며, 수동적인 성격이라도 적극적인 역할을 하다 보면 주도적인 성격이 키워질 수 있다.

또 정치가는 많은 사람과 만나고 소통해야 하는 직업이기 때문에 내성적인 성격보다는 외향적이고 사교적인 성격이 유리하다. 내성적인 성격이라고 해서 정치가가 되지 못할 것은 없지만, 사교적인 성격이 더 많은 사람을 만나서 소통하기에 유리한 것은 사실이다. 예를 들어, 대통령은 국민, 함께 일하는 공무원, 다른 정치가, 그리고 다른 나라 대통령 등 다양한 계층의 사람들과 만나는 직업이다.

한편 정치가는 공적인 일을 하는 직업이기 때문에 강한 책임감이 요구된다. 책임감이란 주어진 역할이나 의무를 다하려는 태도를 뜻한다. 만약 정치가가 책임을 다하지 않거나 책임을 회피하면 이것은 많은 사람에게 피해를 주는 결과를 낳게 되므로 정치가는 어느 직업보다 강한 책임감이 요구되는 직업이다.

이와 관련하여 정치가에게는 정직한 성격이 요구되기도 한다. 사람은 본능적으로 거짓말하는 사람을 싫어하고 정직한 사람을 존경한다. 또한 정치가는 많은 사람의 신뢰를 얻어야 하므로 어떤 직업보다 정직한 성격이 요구된다. 오늘날 정치가 중에 부패한 행적이 드러나면서 한순간에 나락으로 떨어지는 이들이 있는데, 이는 정직하지 못해서 일어나는 일이다.

또 정치가는 개인적인 이익보다 공공의 이익을 우선시하는 태도가 특히 중요한 직업이다. 이를 이타심이라고 하는데, 사람 중에는 이것이 강한 사람도 있고 약한 사람도 있다. 이기심이 강한 사람이 정치가가 되면 자신의 이익을 위해 일하므로 국민의 이익을 해칠 우려가 있다.

반대로 이타심을 가진 사람이 정치가가 되면 많은 사람에게 이익을 줄 수 있으므로 국민의 행복과 국가 발전에 도움이 된다. 축구선수 중에 박지성 선수가 성공한 이유가 이타적인 플레이를 펼쳤기 때문이라는 것은 잘 알려진 사실이다. 축구는 단체 경기이기 때문에 아무리 한 선수가 잘해도 상대를 이길 수 없다. 이러한 상황에서 박지성 선수는 개인 욕심보다는 이타적인 플레이를 펼쳤기 때문에 팀에 기여할 수 있었고, 감독뿐만 아니라 팬들로부터도 지지를 받았다. 정치가도 마찬가지로 개인적인 이익보다 공공의 이익을 우선시하는 이타심을 가져야 성공할 수 있는 직업이다.

정치가에게 필요한 능력

정치가에게 요구되는 성격도 있지만 반드시 그 성격을 갖추고 있다고 해서 모두 정치가가 될 수 있는 것은 아니다. 정치가가 되기 위해서는 성격뿐만 아니라 능력도 필요하기 때문이다. 좋은 정치가가 되기 위해서는 개발된 성품과 탁월한 능력을 고루 갖추어야 한다.

먼저 정치가는 사람들을 잘 이끄는 능력을 갖추어야 한다. 이것을 리더십이라고 하는데, 정치가는 반드시 리더십 능력을 갖추어야 한다. 리더십 없이는 지도자가 될 수 없기 때문이다.

리더십이란 조직의 목표를 달성하기 위해 구성원들을 효과적으로 이끄는 능력을 말하며, 흔히 '지도력'이라고도 한다. 이때 사람들이 공통의 목표를 향해 나아갈 수 있도록 잘 이끄는 능력이 바로 리더십의 핵심이다. 이러한 리더십을 발휘하기 위해서는 어느 정도 카리스마를 드러낼 수 있어야 하며 동시에 자신의 비전을 명확하게 제시하고 설득할 수 있는 능력도 중요하다. 사람들은 지도자의 생각에 설득될 때 리더십을 따르며 공동의 목표도 이룰 수 있다. 따라서 정치가가 되기 위해 리더십 능력은 필수적이다.

다음으로 정치가에게 요구되는 능력은 언변과 연설 능력이다. 언변은 말하는 솜씨를 뜻하는 말이다. 정치가는 말로서 자신을 드러내야 하므로 기본적인 언변 능력을 지니고 있어야 한다. 또 정치가는 대중 앞에 서서 연설할 기회가 많으므로 어느 정도의 연설 능력도 필요하다. 논리적으로 대중의 마음을 움직일 수 있는 언변과 연설 능력은 대중에게 다가가기 위한 기본 능력이므로 정치가가 되고자 한다면 이를 갖추기 위해 노력해야 한다.

다음으로 정치가에게 요구되는 능력은 설득력이다. 정치가가 해야 할 일 중에는 서로 다른 의견을 가진 사람들과 협상하면서 타협을 끌어내야 하는 일이 많다. 특히 정치가는 때때로 외국과의 협상에서도 좋은 결과를 끌어내야 한다. 이때 서로에게 좋은 결과를 위해서는 상대를 설득할 수 있는 설득력을 갖추고 있어야 한다. 이는 곧 문제해결로 이어져 정치가의 공적으로 이어질 수 있다.

또 정치가는 끊임없이 발생하는 사회 문제를 해결해야 하는 직업이다. 이때 정치가는 문제해결을 위해 다양한 사회적, 경제적 배경을 가진 사람들과 계속하여 소통해야 한다. 이것을 소통 능력이라고 하는데, 소통을 잘하는 정치가가 국민에게 인정받을 수 있다. 많은 정치가가 소통을 잘하지 못해서 문제가 되는 경우가 수없이 많다. 또 정치가는 문제해결을 위해 다양한 사람들의 목소리를 듣고 그들의 입장에서 생각할 수 있는 공감 능력이 필요하다. 결국 문제해결의 답은 상대 입장에서 공감하고 이해할 때 얻을 수 있기 때문이다. 공감 능력이 뛰어난 정치가가 더 나은 정책을 제시할 수 있다.

그 외 정치가에게 필요한 능력으로 결단력을 들 수 있다. 정치가는 때때로 어려운 결정을 내려야 할 때가 많다. 이러한 결정은 어떤 이에게는 이익이 될 수 있지만 어떤 이에게는 손해가 될 수도 있으므로 망설이게 되는데, 이때 시간은 무한정 주어지지 않는다. 특히 위기 상황에서는 빠르고 신중하게 결정을 내리는 것이 중요하다. 이 때문에 정치가에게는 과감한 결단력이 요구된다. 자신의 결정이 논란을 일으킬지라도 결단력 있게 책임을 지고 행동할 수 있는 능력이 필요하다.

정치가에게 필요한 자질과 소질

앞에서 소개한 정치가에게 필요한 능력은 자질과 연결된다. 자질이란 타고난 소질을 뜻하는데, 이것은 발전할 가능성이 있는 것으로 본디부터 타고난 어떤 재능의 바탕이 되는 것을 말한다. 따라서 자기 소질을 발견하고 이를 계발해 나가는 것은 무엇보다 중요하다.

앞에서 정치가에게 필요한 능력으로 리더십, 언변 능력, 설득력, 소통 능력, 공감 능력, 결단력 등에 대해 알아보았다. 자기 소질을 잘 살펴보면 소질이 있는 부분을 발견할 수 있을 것이다. 만약 자기 소질 중에 이러한 능력이 발견된다면 이를 계발하고 더욱 발전시키기 위해 노력해야 한다. 이것은 자신의 강점으로 작용할 수 있기 때문에 매우 중요하다. 강점은 남보다 앞서는 것을 뜻하므로 좋은 정치가가 되는 데 큰 도움이 된다.

한편, 어떤 능력에 대해서는 아무리 찾아봐도 소질이 없는 부분도 발견할 것이다. 하지만 소질이 없다고 포기하는 것보다 그 능력을 새롭게 개발하기 위해 노력하는 태도가 필요하다. 아무리 소질이 없어도 인간은 어느 정도 노력으로 능력을 개발할 수 있기 때문이다. 이것은 자신의 약점을 보완하는 차원에서 이루어지는 것이므로 남들보다 뛰어나게 잘할 수는 없어도 남들만큼은 해야겠다는 마음으로 도전하면 좋은 결과를 얻을 수 있다.

전쟁 영웅에서 세계적 정치가가 된
윈스턴 처칠

윈스턴 처칠은 1874년 영국의 귀족 가문에서 태어나 자랐다. 그는 군인으로서의 경력을 쌓기 위해 1895년에 군에 입대하여 인도와 아프리카에서 복무했다. 군 복무를 마친 처칠은 기자로 일하면서 보어전쟁(1899~1902)의 현장에 직접 들어가 생생한 소식을 전했고, 이 경험을 통해 세상의 주목을 받기 시작했다.

처칠은 이러한 명성을 바탕으로 정치에 입문했으며, 1900년 불과 26세의 나이에 하원의원으로 선출되면서 정치가의 꿈을 이루었다. 그는 처음에는 보수당에서 정치를 시작하였으나 자신의 성향이 개혁적이라는 사실을 발견하고 사회 개혁을 주장하였으며 빈곤층을 위한 법안 등을 제안했다. 결국 처칠은 1904년에 보수당을 떠나 자유당에 입당하였으며 자유당에서 상무장관까지 올랐다.

그 사이 제1차 세계대전이 발발하였는데 이때 처칠은 해군 장관으로 임명되어 전쟁 초기에 중요한 역할을 하였다. 하지만 갈리폴리 전투에서 군사적 결정을 잘못 내려 패배해서 큰 비판을 받았으며, 해군장관 자리에서 물러나기도 했다.

제1차 세계대전 후 처칠은 자유당 내의 정치적 갈등과 분열이 커지면서 자유당에서 다시 보수당으로 돌아왔다.

1930년대 후반 나치 독일의 위협이 커지자 처칠은 독일의 위험에 대해 경고하며 영국의 재무장을 주장했다. 처음에는 처칠의 주장이 무시되었으나 결국 제2차 세계대전이 터지자, 영국은 처칠을 총리로 임명했다. 처칠은 제2차 세계대전의 영웅으로 떠오르면서 영국을 구하며 세계적 지도력을 인정받았다.

윈스턴 처칠은 20세기 가장 중요한 인물 중 한 명으로 꼽힐 만큼 유명한 정치가이다. 처칠이 유명해진 것은 제2

차 세계대전 중 영국의 총리로서 탁월한 리더십을 발휘했기 때문이다. 그는 제2차 세계대전 초기에 영국이 독일에 패배할 위험에 처했을 때 굴복하지 않고 "항복은 없다."라는 강력한 메시지로 국민에게 희망을 주며 전쟁을 이끌었다. 그는 과학자들과 협력하여 새로운 기술 개발을 통해 전쟁에서 우위를 점하려고 노력했다. 특히 덩케르크 철수 작전에서 그의 리더십은 빛을 발했으며 결국 연합군이 승리를 거두는 데 크게 이바지했다.

이후에 윈스턴 처칠은 제2차 세계대전의 영웅이 되었으며 세계에서 가장 뛰어난 정치가 중 한 명으로 떠올랐다.

2장
정치가가 되기까지

정치가가
되는 과정

이제 구체적으로 정치가가 되는 과정에 대해 알아보도록 하자. 정치가가 되는 과정은 나라마다 차이가 있는데, 여기에서는 우리나라에서 정치가가 되는 과정을 중심으로 살펴보자.

정치가가 되기 위한 준비 단계

어떤 직업이든 그 직업을 갖기 위해서는 공부하고 준비하는 단계가 있다. 그런데 정치가는 이러한 준비 단계가 다른 직업에 비해 좀 더 복잡하다.

만약 정치가의 꿈을 갖고 있다면 대학교 이전의 학창 시절부터 리더십을 발휘할 수 있는 경험이 필요하다. 학생회에 참여하여 학생회장을 한다든지, 봉사활동 등에도 적극적으로 참여해야 한다. 이러한 경험을 통해 리더십은 물론 공감 능력과 소통 능력도 함께 향상시킬 수 있다.

정치가가 되기 위해 스펙을 쌓는 것은 매우 중요하다. 사람들은 스펙을 보고 예비 정치가를 평가하는 부분이 크기 때문이다. 대학에서 정치 관련 학과로 정치외교학, 법학, 행정학, 경제학 등을 들 수 있으며 이러란 전공을 공부하면 정치가가 되는 데 도움이 된다. 하지만 정치란 거의 모든 분야를 다뤄야 하므로 전공에만 치우치지 말고 다양한 지식을 공부해야 한다. 특히 헌법, 선거법, 정당법, 정책 설계 등에 대한 공부는 정치 관련 지식으로 꼭 필요한 기본 지식이다.

일반적인 학과에서는 대학 졸업 후 직장에 취직하지만, 정치가를 꿈꾸는 사람은 직장이 아닌 정당에 가입해야 한다. 경우에 따라 정치가를 꿈꾸더라도 일반 직장에 취직하여 경험을 쌓은 후 나중에 정당에 가입하는 것이 좋은 정치적 스펙이 될 수도 있다. 우리나라 정당은 보수당과 진보당으로 나뉘어 있기 때문에 자신의 가치관과 맞는 정당에 가입하는 것이 중요하다. 이 선택은 이후에 자신의 정치적 방향을 결정짓는 일이기 때문에 자신의 정치 성향을 진중하게 알아보는 것이 좋다.

정치가가 되는 과정

정당에 가입하여 활동을 시작하면 자연히 기존 정치가들을 만나게 되며 지역주민들과 인맥을 쌓을 수도 있다. 이때 좀 더 적극적인 태도로 국회의원의 보좌관이나 비서로 들어가기 위해 노력하는 것도 방법이다. 정치 보좌관이나 비서 등은 인맥으로 결정되는 일도 있고 모집공고를 통하여 결정될 수도 있다. 따라서 기존 정치인과 인맥을 쌓는 것은 정치적 스펙을 위해 매우 중요한 일이다. 이렇게 하여 국회의원의 비서가 되면 실제 정치 현장을 경험할 수 있다.

이처럼 자신의 정치적 스펙을 쌓아가면서 자신의 이름을 세상에 알리는 일을 계속해야 한다. 정치 방송에 출연할 기회를 잡는 것도 좋지만, 요즘은 유튜브가 대세이므로 유명 정치 유튜브에 참여하는 것도 효과적인 방법이다.

어느 정도 자신의 이름을 알렸다면 드디어 정치가가 되기 위한 도전에 나설 수 있다. 바로 선거에 출마하는 것이다. 우리나라에서 선거에 출마하기 위해서는 공직선거법에 따라 일정한 요건을 충족해야 한다. 선거 종류별로 출마 요건이 다르며, 공통적으로 요구되는 조건은 다음과 같다.

- 대한민국 국민이어야 함.
- 피선거권 나이 충족(선거마다 다름).

- 금치산자(재산을 다스리는 것이 금지된 사람), 특정 범죄자 등 선거법상 결격사유가 없어야 함.
- 선거구 내 일정 기간 거주(일부 선거 해당).

선거 출마 자격 요건을 확인했다면 이제 선거 운동을 기획해야 한다. 이때 선거에서 내세울 공약을 정리하고 선거 운동을 어떻게 할지, 또 선거에 필요한 자금을 어떻게 모을지 등을 계획해야 한다. 공약을 정할 때는 지역주민이나 국민이 원하는 정책을 조사하여 현실적이고 관심을 끌 만한 공약을 세워야 한다. 공약이 만들어졌다면 이제 선거 운동을 펼쳐야 하는데 선거 운동은 거리 유세, 토론회, 온라인 홍보 등으로 이루어진다. 각각의 선거 운동에서 어떤 말을 할지, 어떤 연설을 할지, 어떤 홍보를 할지 등 내용도 미리 기획하고 준비해야 실수하지 않을 수 있다.

이러한 선거를 통하여 유권자의 선택을 받아 당선되면 공식적으로 정치가가 된다. 정치가가 되고 나면 의정 활동을 시작하게 되는데, 국회나 지방의회에서 법안 발의, 정책 검토, 주민 민원 처리 등의 일을 한다. 정치가는 이러한 과정에서 정치 경력을 쌓아나갈 수 있으며, 이때 성실하고 유능한 정치인으로 인정받으면 국회의원, 장관, 대통령 등 더 큰 정치가로 도전할 수 있다.

정치와 친해지기

지금까지 정치가가 되는 과정을 알아보았다. 아마도 정치가가 되는 과정이 결코 쉽지 않다는 사실을 알게 되었을 것이다. 그렇다면 정치가가 되기 위해 무엇부터 준비해야 할까? 정치가가 되고자 한다면 먼저 정치와 친해져야 한다.

정치에 관한 관심을 키우는 과정

정치가의 꿈을 가지고 있다면 정치와 관련된 뉴스와 신문, 방송 등에 관심을 기울이고 지속적으로 보아야 한다. 정치는 생물과 같다는 말이 있다. 그만큼 하루가 다르게 뉴스가 쏟아져 나오는 살아 있는 현장이다. 따라서 생생한 정치 뉴스와 정보에 관심을 기울이다 보면 자연히 정치에 대한 이해가 깊어지고, 정치 현상을 보는 안목이 생긴다. 이 과정에서 정당과 정치인의 공약, 정책들을 비교해 볼 수 있으며 과연 '나'라면 어떻게 할지 생각해 볼 수 있다.

정치에 관심을 가지는 또 하나의 방법으로 정치와 관련된 유튜브, 팟캐스트, 다큐멘터리 등 정치 콘텐츠를 보는 것을 들 수 있다. 뉴스와 신문, 방송 등은 조금 딱딱한 내용이지만, 유튜브, 팟캐스트, 다큐멘터리 등은 재미있게 볼 수 있어 정치에 접근하는 좋은 방법이 될 수 있다.

하지만 이 과정에서 꼭 기억해야 할 것이 있다. 현재 우리나라 정치가 보수와 진보, 좌와 우가 완전히 갈리어 자기편에 치우친 내용을 방송하고 있다는 점이다. 한쪽으로 치우치면 제대로 된 정보와 지식을 얻기 힘들고 좋은 정치가가 될 수도 없다. 따라서 한쪽에 치우친 내용만 보지 말고, 반대편 콘텐츠도 둘러보는 태도를 갖자.

정치에 대한 기본적인 지식을 쌓아나가는 과정

정치와 관련된 지식으로는 정치 철학과 이념, 법과 제도, 현실 정치 등으로 나누어 생각해 볼 수 있다. 먼저 정치 철학이란 좋은 정치가 무엇인지 탐구하는 학문이다. 이를 공부하기 위해 정치 관련 고전을 읽어 보면 어떨까? 정치 입문자라면 플라톤의 《국가》, 로크의 《통치론》, 밀의 《자유론》을 읽어 보자. 현실 정치에 관심 있다면 마키아벨리의

《군주론》, 불평등이나 자본주의 문제에 관심 있다면 마르크스의 《자본론》과 롤스의 《정의론》 등을 읽으면 큰 도움을 받을 수 있다.

정치 이념이란 정치 철학과 비슷한 말로서 좋은 정치를 바라보는 관점이라고 생각하면 이해하기 쉽다. 대표적 정치 이념으로는 왕정주의와 민주주의, 자유 민주주의와 사회주의(공산주의 포함), 보수와 진보, 좌파와 우파 등을 들 수 있다.

왕정주의와 민주주의는 국가의 주권이 왕에게 있느냐 국민에게 있느냐로 구분되고, 자유 민주주의와 사회주의는 민주주의를 하는 데 개인의 자유에 더 힘을 주느냐, 국가가 이끌어가는 데 더 힘을 주느냐로 구분된다. 보수와 진보는 기존의 것을 지키는 데 더 중점을 두느냐, 개혁에 더 중점을 두느냐로 갈린다. 좌파와 우파는 보수와 진보라는 개념보다 자유 민주주의와 사회주의와의 구분과 더 가까운 개념이다. 이러한 이념들의 차이를 알아보는 것은 현실 정치를 이해하는 데 큰 도움을 얻을 수 있다. 특히 우리나라의 경우 남과 북이 대치된 상황이므로 정치 철학과 이념을 북한과 연결해서 공부해야 한다.

정치에 관심을 가지는 것은 일반인도 할 수 있지만, 본격적으로 정치가가 되고자 한다면 한 걸음 더 나아가 정치와 관련된 법과 제도에 대해서도 공부해야 한다. 정치는 곧 법과 제도 아래에서 이루어지기 때문이다. 법은 그 종류와 내용이 매우 방대하기 때문에 모든 법을 다 공부할 수는 없지만, 적어도 정치가가 되고자 한다면 헌법과 선거법 정도는 알고 있어야 한다.

가장 먼저 공부해야 할 법은 헌법이다. 헌법은 한 나라의 가장 근본이 되는 최고 법이다. 헌법에는 국가의 운영 원칙, 국민의 기본권, 권력의 내용 등이 담겨 있으며 모든 법과 제도의 기준이 된다. 헌법은 매우 길 것 같지만 생각보다 짧은 것도 있다. 미국 헌법의 경우 약 4,500단어(수정 조항 포함하면 약 7,500단어)로 이루어져 있어 세계에서 가장 짧은 헌법으로 통한다. 우리나라 헌법은 약 1만 3천 단어로 이루어져 있으며, 헌법 전문과 10장(130개 조항)으로 구성되어 있다. 헌법의 내용에는 국민의 기본권, 국가의 운영 원칙, 정부 조직 등이 상세하게 규정되어 있다.

공직선거법은 선거의 절차와 규칙을 정해놓은 법이기 때문에 정치가가 되고자 한다면 이를 꼭 알아야 한다. 공직선거법에는 선거의 종류, 후보자의 자격 요건, 선거 운동 규칙, 투표와 개표 절차, 선거 범죄와 처벌 등의 내용을 담고 있다. 우리나라에서 선거의 종류는 대통령 선거, 국회의원 선거, 지방자치단체장 선거, 지방의회 의원 선거 등으로 나닌다. 선거 운동 규칙에는 공식 선거 운동 기간이 정해져 있으며, 금품 제공이나 허위사실 유포, 비방·흑색선전, 공무원의 선거 개입 등을 금지하고 있다. 만약 선거법을 어길 경우 선거 범죄와 처벌에 관한 규정도 정해놓고 있다.

이상에서 이야기한 것은 정치와 관련된 이론적 지식이다. 정치가가 되고자 한다면 이것만 알아서는 안 된다. 정말로 필요한 지식은 현실 경험과 관련된 지식이기 때문이다. 이를 위해 현실 정치에 대한 공부도 해야 한다. 현실 정치란 실제 이루어지고 있는 정당 정치, 대통령 외 각 정부 기관이 관련된 정치, 외교 안보와 관련된 정치 지식 등이 그것이다. 이러한 현실 정치 지식은 하루가 다르게 변하기 때문에 뉴스나 기타 정보를 통하여 지식을 얻을 수밖에 없다. 훌륭한 정치가는 이론적 지식으로 무장하여 현실 정치에 바르게 써먹는 정치가이다. 따라서 마지막으로 현실 정치 지식을 습득하기 위해서도 부단히 노력해야 한다.

일상에서 정치에 참여하는 방법

정치가가 되기 위해 준비해야 할 것 중 현실 정치에 참여하는 과정을 빼놓을 수 없다. 먼저 가장 쉬운 정치 참여의 방법으로 투표를 들 수 있다. 투표에 참여하는 것은 단지 아무 관심 없다가 투표 당일에 표를 행사하는 것을 뜻하지 않는다. 선거에 나온 후보를 살펴보고 그들의 공약과 선거 운동 하는 모습을 충분히 살펴본 후 어떤 후보를 찍을지 결정하는 것까지 포함된다. 이러한 과정을 통하여 정치를 경험적으로 이해할 수 있게 된다.

정치에 참여하는 조금 더 적극적인 방법으로 국민 청원, 지자체 의견 접수, 국회의원에게 메일 보내기 등을 들 수 있다. 특히 '국민 청원'이란 국민청원제도에 의해 시민들이 자신의 의견이나 요구사항을 정부에 직접 전달할 수 있는 제도를 뜻한다. 또 유명 정치인의 소셜 미디어에 팔로우하여 댓글로 자신의 의견을 남겨보는 것도 정치에 참여하는 경험이 될 수 있다. 이러한 활동은 정치 현장에서 내 목소리를 내는 것이기 때문에 중요한 정치 참여 경험으로 축적된다.

더욱 적극적인 방법으로 정치 커뮤니티에 참여하는 것을 들 수 있다. 이때 정당의 청년 조직이나 정치 동아리 등에 가입할 수 있다. 이러한 조직에 들어가면 정치 토론 등에 참여할 수도 있다. 이것이 정치의 중심에 직접 들어가 활동하는 것이라면, 시민단체에 가입하거나 NGO에서 활동하는 것은 정치 외곽에서 정치에 참여하는 활동이라고 할 수 있다. 시민단체나 NGO는 특정한 사회 문제를 해결하기 위해 조직된 단체이다. 사회 문제에 관심이 많다면 관련 단체에서 활동하며 정치에 대한 이해를 쌓아갈 수 있다.

이렇게 정치에 직접 참여해 본 경험은 나만의 정치적 관점을 만들어 가는 데 큰 도움이 된다. 무조건 남을 따라가는 정치만 해서는 훌륭한 정치가가 될 수 없기 때문이다. 내가 바라는 사회는 어떤 모습인지, 나는 어떤 가치를 가장 중요하게 생각하는지, 내가 해결하고 싶은 사회 문제는 무엇인지 등을 질문해 보는 것은 자신만의 정치관을 만드는 데 도움이 된다.

각 분야의 정치가가
갖추어야 할 자격과 능력

각 분야의 정치가가 되기 위해서는 갖추어야 할 자격이 있다. 우리나라 정치계에서 각 분야의 정치가가 갖추어야 할 자격에는 어떤 것들이 있는지 살펴보자.

선거에 나가기 위해 갖추어야 할 법적 요건

법적으로 인정받는 정치가로는 국가의 최고 수장인 대통령, 국무총리, 장차관, 국회의원, 지방자치단체장, 정당 지도자 등이 있다. 이러한 정치가 중에서 국무총리, 장차관 등은 임명으로 뽑히지만, 대통령, 국회의원, 지방자치단체장, 정당 지도자 등은 선거에 당선되어야 한다. 이때 각 선거에 나가기 위해서는 공직선거법에서 법적으로 정한 요건을 갖추어야 한다.

1. 대통령 선거

대통령 선거는 국가의 최고 지도자를 뽑는 중요한 선거
이기 때문에 대통령 선거에 나가기 위해서는 다음과 같은
법적 요건을 갖추어야 한다.

- **국적과 나이**: 대한민국 국적을 가진 만 40세 이상이어
  야 한다. 국외로 이주하여 국적을 상실한 자는 대통령
  후보가 될 수 없다.
- **거주 요건**: 선거일 기준 대한민국에서 5년 이상 거주해
  야 한다.
- **피선거권**(선거에 나갈 수 있는 권리) **제한**: 대한민국에서 금
  고형 이상의 형을 선고받은 자는 피선거권이 제한된다.

2. 국회의원 선거

우리나라에서 국회의원 선거에 나가려면 다음과 같은 요
건이 필요하다.

- **국적과 나이**: 대한민국의 국적을 가지고 있어야 하며,
  만 25세 이상이어야 한다.
- **거주 요건**: 선거일 기준 대한민국에서 5년 이상 거주해
  야 한다. 한편 대한민국 공직선거법에서 국회의원 후보
  자는 지방자치단체장과는 달리 출마하려는 선거구에
  반드시 주소가 있어야 한다는 요구는 없다. 다만 국회

의원 후보자가 해당 지역에 살지도 않으면서 출마하는 것은 도리상 맞지 않다는 이유로 보통 자기가 살고 있는 지역에서 출마하는 경우가 많다.

- **피선거권 제한:** 금고형 이상의 형을 선고받고 형기가 끝난 날로부터 5년이 경과되지 않은 사람은 피선거권이 없다.

3. 지방자치단체장 선거(지방선거)

지방자치단체장은 시장, 도지사, 군수까지 지방의 최고 지도자를 뜻한다. 이 선거에 나가기 위해서는 다음과 같은 요건을 갖춰야 한다.

- **국적과 나이:** 대한민국 국적을 가지고 있어야 하며, 만 30세 이상이어야 한다.
- **거주 요건:** 선거일 기준 해당 지역에 2년 이상 거주한 사람이어야 한다.
- **피선거권 제한:** 금고형 이상의 형을 선고받고 형기가 끝난 날로부터 5년이 경과되지 않은 사람은 피선거권이 없다.

4. 지방의회 선거

우리나라는 지방자치제 시행에 따라 지방의회를 구성하

게 되어 있다. 이에 따라 지방의회 의원도 선거에 의해 도의원, 시의원 등을 선출하게 된다. 다음은 지방의회 의원이 선거에 나가기 위해 갖추어야 할 요건들이다.

- **국적과 나이**: 대한민국 국적을 가지고 있어야 하며, 만 25세 이상이어야 한다.

- **거주 요건**: 해당 선거구에 거주한 지 1년 이상이어야 한다.

- **피선거권 제한** : 금고형 이상의 형을 선고받고 형기가 끝난 날로부터 5년이 경과되지 않은 사람은 피선거권이 없다.

5. 교육감 선거

우리나라는 지방자치제 시행에 따라 각 지방의 교육감을 선거에 의해 선출하고 있다. 그런 점에서 교육감 역시 정치가라고 할 수 있다. 교육감 선거에 나가기 위해서는 다음과 같은 자격이 요구된다.

- **국적과 나이**: 대한민국 국적을 가지고 있어야 하며, 만 30세 이상이어야 한다.

- **거주 요건**: 해당 시도(광역자치단체)에서 3년 이상 거주해야 한다.

- **피선거권 제한**: 금고형 이상의 형을 선고받고 형기가

끝난 날로부터 5년이 경과되지 않은 사람은 피선거권
이 없다.

이상이 분야별 선거에 나가기 위해 법적으로 갖추어야
할 자격 요건이다. 다만, 핵심 내용만 소개한 것이며 공직
선거법에 좀 더 자세한 요건들이 나오기 때문에 자격 요건
을 꼭 읽어 보아야 한다.

정치가가 되고자 하는 사람이 선거에 출마하려면 이와
같이 나이, 국적, 거주 요건, 범죄 기록 등 법적으로 정해진
자격 요건을 충족해야 하므로 출마하고자 하는 분야의 법
적 요건을 정확히 확인하는 것이 중요하다.

분야별 정치가가 갖추어야 할 자질과 능력

정치가는 시험을 쳐서 뽑는 법조인이나 공무원과 달리,
주로 선거나 임명으로 선출되기 때문에 특별히 정해진 학
벌이나 성적 조건 같은 일정한 조건이 없다. 하지만 정치가
는 국민의 선택을 받아야 하는 엄격한 자리이므로 스스로
정치가에 걸맞은 자격을 갖추기 위해 노력하는 자세가 필
요하다. 자질과 능력을 갖춘 사람은 그렇지 않은 사람에 비
해 정치가가 되기에 유리할 수밖에 없다.

자, 이제부터는 분야별 정치가가 갖추어야 할 자질과 능

력에 대해 알아보자.

1. 대통령

대통령은 국가 최고 지도자의 위치에서 국가를 대표하는 역할을 하는 자리이므로 무엇보다 국정 운영 능력과 도덕성을 갖춘 사람이어야 한다.

국정 운영 능력은 국가의 정책을 효과적으로 추진하는 능력, 외교적인 능력, 위기관리 능력 등이 포함된다. 이러한 능력이 부족할 경우 국가가 지속적으로 발전하기 힘들고 잘못할 경우 국가적인 위기에 빠질 수도 있다. 특히 도덕성은 국가 최고 지도자로서 기본적으로 갖추어야 할 덕목이다. 이것은 본인뿐만 아니라 가족, 친척까지 관리되어야 할 부분이다. 그동안 많은 대통령이 이 부분에서 문제가 되어 국가의 혼란을 일으켜왔다.

2. 국회의원

국회의원은 정책과 관련된 법을 만들어내는 중요한 역할을 하는 자리이다. 만약 국회의원이 잘못된 법을 만들어내면 그 고통은 고스란히 국민이 떠안게 된다. 따라서 국회의원은 정책에 대한 전문성으로 법률을 만드는 능력이 반드시 필요하다.

한편, 국회의원은 자신의 지역구 주민을 대표하는 역할을 해야 하므로 주민들과 소통하고 협상하는 능력도 중요하다. 무엇보다 국회는 여당과 야당으로 운영되기 때문에 정당끼리의 협상 능력 또한 중요하다. 현재 우리나라 국회는 갈등과 싸움을 일으키는 곳으로 인식되어 있는데 이는 타협과 협력을 이끌어 내는 협상 능력이 부족하기 때문에 일어나는 현상이라고 할 수 있다.

그동안 우리나라 국회의원은 이 부분에서 부족함을 드러냈기 때문에 국회의원을 선출하는 과정에서 반드시 이 부분에 대한 능력을 갖춘 사람으로 뽑을 수 있는 보완책이 필요하다. 한편 국회의원 역시 국민을 대표하는 중요한 정치인이므로 높은 도덕성이 요구된다. 많은 국회의원이 도덕성이 부족하여 종종 문제를 일으키는데, 이런 부분이 선거에서 걸러지도록 하는 보완책이 필요한 상황이다.

3. 지방자치단체장

지방자치단체장은 각각의 지방 행정과 정책을 책임지는 역할을 하는 자리이다. 국가적 시각으로 지역 문제를 바라보는 관점과 지역의 입장에서 지역 문제를 바라보는 관점은 차이가 날 수밖에 없다.

지방자치단체장은 우선 한쪽의 시각이 아닌 양쪽의 시각

을 바탕으로 지역 문제를 이해하고 해결하기 위한 정책을 설계할 수 있는 능력이 있어야 한다. 왜냐하면 현재 지방자치단체만의 예산으로 지역 문제를 해결할 수 있는 곳은 많지 않으며 중앙정부와 협력해야만 문제를 해결할 수 있는 구조로 되어 있기 때문이다. 지방자치단체장 중에는 임기 동안 자신의 업적을 쌓기 위해 무분별한 정책을 펴는 경우가 종종 있는데, 이것은 지역은 물론이고 국가에도 문제가 될 수 있다.

따라서 지방자치단체장은 인기에 영합하여 무리한 정책을 펴기보다는 한정된 예산을 효율적으로 잘 관리하면서 지역사회에 꼭 필요한 재정을 사용하고, 필요한 경우 중앙정부와 협력하는 소통 능력과 협상 능력이 필요하다. 또 지역주민들과의 소통을 통해 지역사회의 다양한 문제를 해결할 수 있는 능력도 있어야 한다.

4. 정당 지도자

우리나라의 정치가는 거의 정당을 통하여 배출되고 있으므로 정당 지도자 역시 우리나라에서 중요한 위치를 차지하고 있다. 정당은 권력을 잡기 위한 목적으로 결성된 조직으로 사실상 우리나라의 선거를 주도하는 곳이다. 따라서 정당 지도자에게 첫 번째로 요구되는 능력은 선거를 잘 기획하고 효과적으로 추진하여 이기는 능력이다.

현재 우리나라에서 국회의원은 대부분이 정당에 소속되어 있다. 따라서 어떤 정책을 만들려고 할 때 정당의 도움을 받아야 하며, 큰 정책에 대해서는 자신이 소속된 정당의 뜻을 따라야 하는 구조로 되어 있다. 이 때문에 여당과 야당의 정당 대표는 막강한 힘을 가지고 있으며 정치계에서 항상 주목의 대상이 된다. 따라서 정당 지도자는 강한 리더십을 갖추고 있어야 하고 국민의 뜻에 맞게 정당의 정책 방향을 정하고 선거 전략을 잘 이끌 수 있는 능력이 있어야 한다.

또한 우리나라에서 정당은 이념에 의해 만들어진 부분이 크기 때문에 정당의 이념과 정책을 명확하게 이해하고 이를 실현하는 능력도 갖추고 있어야 한다. 또 거대한 조직으로 이루어져 있는 정당 조직을 잘 운영할 수 있는 조직 운영 능력도 필요하다.

정치가가 갖추어야 할
윤리의식 및 법 정신

정치가가 갖추어야 할 윤리 정신과 법 정신은 무척 중요하다. 정치가는 한 나라의 최고 위치에서 나라의 법과 정책을 다루는 일을 하므로 정치가가 도덕성을 잃어버리고 윤리에 어긋난 일을 할 경우 나라 얼굴에 먹칠하는 일이 되고 만다. 또 정치가는 법을 지켜야 하는 모범을 보여야 하는 위치에 있는데 뒤로 몰래 불법을 저지른다면 이는 법에 의해 돌아가는 나라의 근간을 흔드는 일이 되고 만다. 따라서 정치가가 되고자 한다면 반드시 윤리 및 법 정신을 갖추어야 한다. 그렇다면 정치가가 갖추어야 할 윤리의식과 법 정신에는 어떤 것들이 있을까?

정치가의 도덕심과 윤리의식

정치가가 되기 위해 반드시 갖추어야 할 자질은 도덕과 윤리이다. 도덕이란 인간으로서 지켜야 할 행동 규범을 뜻하고, 윤리란 사람으로서 마땅히 지켜야 할 도리나 규범을 뜻하니 사실상 도덕과 윤리는 비슷한 말이다. 다른 점은 도덕이 내면적으로 갖추어야 할 성품에 해당한다면, 윤리는 실제 인간관계에서 지켜야 할 행동에 더 가깝다. 그래서 도덕에는 도덕심이라는 말이 있지만 윤리에는 윤리심이란 말이 없다.

정치가는 국민의 지도자가 되고자 하는 사람이므로 적어도 보통 사람보다는 높은 수준의 도덕심과 윤리 정신을 갖추고 있어야 한다. 만약 정치가에게 윤리 문제가 생길 경우 국민적 비난을 받으며 더는 정치를 할 수 없는 상황에 빠지게 된다.

정치가는 국가를 대표하는 사람이기도 하므로 국가적으로도 피해를 주며 좋지 않은 이미지를 남기게 된다. 공직자가 된 정치가가 윤리적 문제를 일으키면 그 자리에 있을 수 없게 되며 재선거를 치러야 하는 등 막대한 국가적 손해가 발생하게 된다. 이와 같이 정치가의 비윤리적 행동은 단지 한 사람의 문제에 그치지 않는다. 이 때문에 정치가에게는 높은 도덕심과 윤리 정신이 요구되는 것이다.

　정치가가 갖추어야 할 도덕심 중 첫 번째는 공공의 이익을 우선하는 마음이다. 정치가는 개인의 이익을 얻고자 하는 직업이 아니라 국민과 사회의 이익을 추구하고자 하는 직업이다. 그런데 개인의 이익을 추구하면 문제를 일으킬 수밖에 없다. 뉴스에서 정치가의 부패 사건을 종종 보게 되는데, 이는 개인의 욕심과 이익을 추구하다가 벌어지는 일들이다.

　다음으로 정치가에게 필요한 도덕심은 정직성과 투명성이다. 정치가가 국민을 대상으로 하는 직업임에도 개인적 욕심을 차리기 위해 국민을 속인다면 어떻게 되겠는가. 들키지만 않으면 된다는 생각으로 잘못된 행동을 하는 정치가도 있지만, 결국에는 그 사실이 드러나서 국민적 비난을 받게 된다. 따라서 정치가는 정직한 태도를 지녀야 하며, 정책 결정 과정 또한 국민이 신뢰할 수 있도록 투명하게 공개해야 한다.

　정치가는 또한 높은 윤리의식을 갖추고 있어야 한다. 윤리의식이란 윤리를 지키고자 하는 강한 의지를 뜻한다. 가끔 뉴스에서 부정한 방법으로 뒷돈을 받거나 윤리적 문제를 일으켜 낭패를 보는 정치가도 있는데, 이는 윤리의식 부족에서 비롯된 결과라고 할 수 있다. 인간은 누구나 이기적이고 물질적인 욕심을 갖고 있지만 이는 모두 사회적 윤리

규범 안에서 지켜져야 한다. 그런데도 이런 일을 벌이는 정치가는 도덕심과 윤리의식이 약하기 때문이다. 미래의 정치가를 꿈꾸는 청소년은 도덕심과 윤리의식이 정치가가 되기 위해 반드시 갖춰야 하는 기본 자질임을 명심해야 한다.

정치가의 법 정신

한편, 정치가는 윤리의식과 함께 높은 법 정신을 지녀야 한다. 법 정신이란 법을 존중하고 반드시 지키고자 하는 마음을 뜻한다. 한 나라의 법은 모든 국민이 지켜야 하는 것으로 규정하고 있고, 만약 지키지 않으면 처벌 규정을 두고 있어서 누구나 지켜야 하는 것으로 인식되고 있다. 이처럼 법은 국민이 지켜야 하는 것이기 때문에 그 국민의 대표인 정치가는 국민의 본이 되기 위해서라도 매우 높은 법 정신을 지니고 있어야 한다.

법 정신은 윤리와는 조금 다른 성격을 갖고 있다. 법과 윤리의 가장 큰 차이는 윤리는 자율적으로, 법은 강제로 지켜야 한다는 점이다. 이 때문에 윤리는 지키지 않으면 비난을 받는 것으로 끝나지만, 법은 지키지 않으면 처벌을 받게 된다.

윤리가 인간적 도리로서 지켜야 하는 것이라면, 법은 국가의 질서 유지를 위해 지켜야 한다. 이 때문에 법을 지키지 않으면 당장 경찰의 수사를 받아야 하며 재판을 통한 법의 심판을 받아야 한다.

정치가는 권력을 갖는 자리이기 때문에 높은 자리에 올라가다 보면 개인적 욕심이 생길 수 있다. 이때 법까지 위반해 재판을 거쳐 실형을 선고받고, 결국 국민의 비난 속에 정치가의 자리에서 물러나는 경우도 종종 있다. 정치가는 국민의 본이 되어야 하는 사람이므로 절대 이런 일이 일어나서는 안 된다. 또한 정치인이 그 자리에서 물러나는 일은 단지 개인의 수치나 파멸로 끝나는 것이 아니라 재선거 등을 치러야 하므로 국가적 손실로 이어진다는 사실을 알아야 한다.

따라서 정치가는 법을 잘 지키는 모범을 보여야 한다. 법정신이 약해지면 곧 부패와 권력 남용으로 이어진다는 사실을 인식하고, 이를 지키기 위해 노력해야 한다.

정치가는 법의 공정한 집행을 위한 정신도 가지고 있어야 한다. 법 앞에서는 모든 사람이 평등해야 하는데, 사회적으로 높은 계층은 법이 유리하게 적용되고, 낮은 계층은 불리하게 적용되는 일이 생기는 경우를 쉽게 볼 수 있다. 정치가의 책임 중에는 정의로운 사회를 만드는 것도 포함되어 있으므로 법 앞에서 억울한 사람이 생기지 않도록 공정하고 균형 잡힌 법 집행에 대한 신념도 갖추고 있어야 한다.

법 앞에서는 누구나 평등하게 보호받아야 하며, 법을 집행하는 과정에서도 공정성이 지켜져야 한다. 실제로 미국에서는 수사관이 용의자에게 권리를 고지하지 않고 자백을 강요한 사건을 계기로 1966년 '미란다 원칙'이 생겼다. 이 원칙은 용의자의 묵비권과 변호인 선임권을 반드시 고지하도록 하는 것인데, 지금은 우리나라를 포함한 여러 나라에서 법 집행의 기본으로 자리 잡았다.

정치가는 이처럼 법을 지키는 데서 그치지 않고, 법이 어떻게 집행되는지에 대해서도 예리한 통찰과 책임의식을 가져야 한다. 법 정신이 약해지면 부패와 권력 남용으로 이어질 수 있고, 그 피해는 국민과 사회 전체에 고스란히 돌아간다. 따라서 정치가는 공정하고 정의로운 사회를 만들기 위해 법을 준수하고, 스스로 모범이 되어야 할 사람임을 잊지 말아야 한다.

정치가로 입문하고
경력 쌓기

우리나라에서는 학교를 졸업한 후 곧바로 직업을 갖는 것이 일반적인 진로로 여겨진다. 많은 청년들이 대학을 졸업하면 기업에 취직하거나, 공무원 시험을 통해 공직에 진출한다. 때로는 창업과 같은 진로를 택하기도 한다. 이들 대부분은 안정적인 수입을 전제로 한 선택이다.

하지만 정치 분야는 다르다. 정치가의 길은 단순히 직업을 갖는 것과는 성격이 많이 다르다. 일단 처음에는 확실한 수입이나 안정이 보장되지 않는다. 정치에 입문한다는 것은 일종의 공적 소명의식과 지속적인 준비 과정을 동반하는 길이다. 처음부터 국회의원이나 단체장이 되는 것이 아니라, 보좌관, 정당 활동가, 시민단체 활동, 지방의회 의원 등 다양한 형태로 사회적 경험과 정치적 기반을 쌓아야 한다.

이처럼 정치 활동은 수익보다 가치와 영향력에 초점을 두는 경향이 강하다. 때문에 정치 입문 초기에는 경제적 보상보다 사회적 기여와 경험 축적이 더 큰 동기가 되기도 한다. 정치를 직업으로 삼는다는 것은 단지 '직업을 갖는다'는 의미를 넘어서 자신의 신념과 책임을 사회 속에서 실천하는 과정이기도 하다.

정치가로 입문하기

만약 학교를 졸업한 후 곧바로 직업적인 정치가의 길을 걷고자 한다면 다른 직업보다 좀 더 어려운 길을 가야 할 수도 있다. 왜냐하면 우리나라에서 대학을 졸업한 청년이 돈을 버는 직업의 개념으로 정치가가 될 수 있는 길은 다른 직업에 비해 그 자리가 매우 적기 때문이다. 대학을 졸업한 청년이 그나마 급여를 받으면서 일할 수 있는 자리로 국회의원 보좌진 중 낮은 직급의 비서관 정도를 들 수 있다. 만약 비서관에 합격하면 별정직 공무원이 되어 돈을 벌 수 있다.

그 외에 정당에 가입하여 청년 당원으로 활동하는 방법이 있는데 이때 청년위원회 등에 소속되어 활동하면 활동비 정도를 지원받는다. 하지만 정식 급여를 받는 자리가 아니므로 돈을 버는 직업을 가졌다고 할 수는 없다.

결국 대학 졸업 후 곧바로 정치가의 길로 뛰어든다는 것은 미래의 직업적 정치가가 되기 위해 입문하는 과정으로 받아들이는 것이 현실적인 생각이라고 할 수 있다. 청년 정치가는 돈을 벌기 위한 직업보다는 정치적 경험을 쌓는 자리이기 때문이다.

정치가로서 경력 쌓기

청년 정치가가 정치에 입문하는 가장 흔한 방법은 정당에 가입하는 것이다. 정당에 가입하여 활동하면서 당의 캠페인이나 정책 개발 등에 참여하면서 정치적 경험을 쌓아나갈 수 있다. 이때 정책을 제안할 수 있는 정도의 실력을 갖추기 위해서는 정치학, 경제학, 사회학 등 다양한 분야의 이론을 공부해야 하고 현장 경험도 쌓아야 한다. 이렇게 하여 어느 정도 실력을 인정받으면 정당의 주요 직책을 맡는 자리에까지 올라갈 수 있다.

정치가가 쌓아야 할 경험 중에 지역사회 활동을 빼놓을 수 없다. 지역주민과 소통하면서 지역사회의 문제를 파악하고 지역 발전에 기여하는 활동을 해나간다면 중요한 정치적 경험을 얻을 수 있다. 한편 정치의 꽃은 선거인데, 이때 선거 캠페인에 자원봉사자로 참여하거나 실제 선거팀의 일원으로 활동하는 것도 정치의 실제 현장을 배울 수 있는 소중한 경험이 될 수 있다.

어느 정도 정치 경험이 쌓이면 국회의원의 보좌진으로 일하는 것도 중요한 경험이 된다. 실제 국회의원 가운데 보좌관 출신이 많은데 이는 보좌관으로 일하는 것이 더 큰 정치가로 나아가는 데 얼마나 도움이 되는지 알려주는 지표라고 할 수 있다.

정치가가 되기 위해 필수적으로 갖추어야 할 능력 중 하나가 언어 구사 능력이다. 대중과 소통하기 위해 연설 능력을 갖추어야 하며, 선거에서 경쟁자와 토론의 과정을 거쳐야 하므로 토론 능력도 갖추어야 한다. 한편 정치가는 언론과 공생하는 관계이기 때문에 언론과의 인터뷰 능력도 필수이다. 정치가는 이러한 언어 능력을 갖추기 위한 경험을 쌓아가는 것이 중요하다. 따라서 언론 활동을 활발히 하는 것도 정치가로서 나아가기 위한 소중한 경험이 될 수 있다.

마지막으로 정치가가 갖추어야 할 경험으로 정치적 멘토를 찾아 배우는 경험을 들 수 있다. 정치가가 더 높은 곳에 오르기 위해서는 정치적 멘토의 도움이 필요하다. 따라서 자신이 존경할 만한 정치인을 멘토로 삼아 그의 일을 도우면서 배우는 방법도 있다. 그러다가 어느 정도 자신이 성장했다 싶을 때 지방선거나 국가선거에 공직 후보로 출마하여 당선되면 비로소 직업적 정치가로서 활동하는 길이 열리게 된다.

남아프리카공화국 최초의 흑인 대통령,
넬슨 만델라

남아프리카공화국은 아프리카에 속한 나라임에도 불구하고, 인구의 약 20%를 백인이 차지하고 있었다. 그런 가운데 1948년 백인 중심의 국민당이 정권을 잡으며 차별 정책을 쓰기 시작했다. 이것을 아파르트헤이트(Apartheid, 분리정책)라고 부르는데, 인종을 흑인, 혼혈, 인도계, 백인 등으로 나누고 흑인을 철저히 차별하는 정책이다. 흑인은 특정 지역에서만 거주할 수 있었으며, 백인과 결혼뿐만 아니라 연애까지 금지하였다. 당시 흑인들은 힘이 없었으므로 이러한 차별 정책에 속수무책으로 당하며 살 수밖에 없었다.

이때 등장한 인물이 넬슨 만델라이다. 만델라는 남아프

리카공화국 템부족(Thembu) 왕족 가문에서 태어나 포트헤어 대학교와 위트워터스란드 대학교에서 법학을 공부하고 변호사가 되었다. 만델라는 대학 시절부터 인종차별에 특별히 관심이 있었기 때문에 변호사가 되었다.

이후 그는 1944년 아프리카민족회의에 가입하고 청년동맹을 공동 창립하는 등 사회운동에 나섰다. 그런 가운데 국민당이 선거에서 집권하고 아파르트헤이트 정책이 시행되자, 그는 본격적으로 저항운동에 참여하게 된다. 흑인으로서 처음으로 법률 사무소를 개설해, 인종차별로 피해를 입은 사람들을 무료로 변호하기도 했다.

그러던 중 1960년, 남아프리카공화국 샤프빌에서 평화적인 시위대를 향해 경찰이 무차별 총격을 가한 샤프빌 학살 사건이 발생했다. 만델라는 이 사건을 계기로 정부와 무장 투쟁을 시작하였으며, 1961년에는 군사를 조직하여 정부 시설을 공격했다. 결국 만델라는 반역죄로 구속되었고 1964년 종신형을 선고받아 로벤 섬에서 27년간 감옥 생활을 했다.

만델라는 1990년 남아공 정부의 개혁 정책으로 감옥으로 풀려났다. 그는 그때까지 지속되고 있던 아파르트헤이

트 정책을 폐지하기 위한 협상을 이끌었고, 결국 아파르트
헤이트는 폐지되기에 이른다.

　만델라는 이 공로로 1993년 노벨 평화상을 수상했다.
이후 남아프리카공화국 최초로 전 인종이 참여한 민주 선
거에서 승리하여 남아공 최초의 흑인 대통령이 되었다.

3장

국회의원
마스터플랜

국회의원은
어떤 직업일까?

지금까지 정치가라는 큰 개념의 직업을 중심으로 다양한 내용을 살펴보았는데, 여기에서는 정치가 중에서도 국회의원에 대해 자세히 알아보자.

정치 일번지, 국회의원

우리나라에서 정치가가 되고자 한다면 기본적으로 삼아야 할 목표가 바로 국회의원이다. 물론 지방자치제가 시행되면서 지방자치단체 의원도 있지만, 우리나라 국민에게 정치가로 인식되는 첫 번째 직업이 바로 국회의원이다. 그래서 정치가가 되고자 하는 사람들은 우선적으로 국회의원이 되기 위해 노력한다. 지방자치단체 의원이 되는 것도 궁극적으로 국회의원이 되기 위한 과정이라고 할 수 있다.

우리나라는 정당 정치 중심으로 돌아가고 있는데, 이때 정당은 선거에서 더 많은 국회의원을 당선시키려고 노력한다. 여러 정당 중에서 국회의원을 가장 많이 당선시킨 정당이 권력을 행사할 수 있기 때문이다. 그만큼 다수 정당의 국회의원이 되는 것은 매우 중요한 일이다.

국회는 여당(정부를 운영하는 당)과 야당(정부를 견제하는 당)으로 구분되는데, 무조건 여당이 유리한 구조는 아니다. 국회의 의사결정은 표결로 이루어지기 때문에 국회의원이 더 많은 당이 더 큰 힘을 발휘할 수 있다.

국회의원은 국가의 중요한 일을 결정할 때 핵심적인 역할을 하는 정치가이다. 그리고 대통령은 국회의원 중에서 행정부의 국무총리나 장관을 뽑기도 한다. 이렇게 경력을 쌓은 국회의원은 대통령에 출마하여 대통령이 될 수도 있다. 이처럼 국회의원은 정치가 중에서도 막강한 권한을 가진 중요한 위치이므로, 정치가를 꿈꾸는 이들의 첫 번째 목표가 되는 것이다.

법을 만드는 중요한 역할

민주주의 국가에서 최고 권력은 대통령에게 있다. 하지만 대통령보다 더 큰 권력을 가진 것이 있으니 바로 법이다. 법은 국가 운영의 기본 틀이 되며 경제, 교육, 복지, 외교 등 모든 분야에 영향을 미친다. 이 때문에 민주주의 국가에서는 아무리 대통령이라 할지라도 법대로 움직여야 한다. 법이란 이처럼 중요하고 막강한 힘을 가지고 있다. 그런데 이러한 법을 만드는 사람이 바로 국회의원이다. 국회의원에게는 법을 만들고 개정하는 입법권의 권한이 주어진다. 국회의원이 정치의 중심이 되는 이유 중 하나가 법을 만들고 개정할 수 있는 권한이 있기 때문이다.

국회의원들이 새롭게 결정하거나 개정하는 법은 국민의 삶에 매우 커다란 영향을 미치기 때문에 신중에 신중을 기해야 한다. 국회에서 법을 만들 때는 국민의 삶을 나아지게 하기 위한 것이지만, 생각과 달리 부작용을 초래한 사례가 많다.

예를 들어 2020년에 시행된 임대차 3법은 전세 계약을 갱신할 때 세입자가 2년 더 연장할 수 있고 임대료 인상도 5% 이내로 제한하는 법이었다. 집주인으로부터 세입자를 보호해 줄 수 있는 법을 기대했지만, 집주인들이 전세를 월세로 전환하거나, 전세 매물을 줄여버림으로써 세입자들은 전세를 구하기 어려워졌고, 전월세 가격이 폭등하는 결과를 가져오기도 했다.

또 2022년에 시행된 중대재해처벌법(중대재해 처벌 등에 관한 법률)은 노동자의 생명권을 보장하기 위해 만든 법이지만, 대기업이 처벌을 우려하여 고위험 사업 자체를 줄이는 현상이 발생했다. 이로 인해 대기업과 거래하는 작은 중소기업들은 비용 부담이 커져 운영이 더욱 어려워졌다. 또한 기준이 모호하여 기업들이 어떤 조치를 해야 할지 몰라 혼란스러워하는 경우도 많았다.

물론 모든 법이 완벽할 수는 없고, 새로운 법이 시행되면 예상하지 못했던 부작용이 나타날 수도 있다. 하지만 이는 법 자체가 잘못되었다기보다, 더 정교한 설계와 보완이 필요하다는 점을 보여준다. 임대차 3법이나 중대재해처벌법은 각각 세입자 보호와 노동자 생명권 보장이라는 중요한 취지에서 출발한 법이며, 그 의도 자체는 결코 무시할 수 없는 가치이다. 다만 법을 만들 때는 다양한 현실을 충분히 고려하고, 여러 이해관계자의 목소리를 균형 있게 반영하는 노력이 함께 이루어져야 할 것이다. 이러한 신중함과 균형 감각은 국회의원이 반드시 갖추어야 할 중요한 덕목이다.

나라의 살림살이를 결정하는 역할

가정경제가 정상적으로 돌아가기 위해서는 살림살이 계획을 규모 있게 잘 짜야 한다. 예를 들어 이번 달 수입이 300만 원이라면 300만 원 한도 내에서 돈을 써야 한다. 미래를 위해 저축해야 할 돈, 꼭 써야 할 돈, 생활을 위해 지출해야 할 돈 등을 300만 원 한도 내에서 계획을 잘 짜서 사용하면 문제가 없을 것이다. 하지만 무작정 돈을 쓰다가 300만 원을 훌쩍 넘어버리면 그때부터 가정경제는 무너지기 시작한다.

국가 경제도 마찬가지다. 가정이 한 달 단위로 경제계획을 짠다면 국가는 1년 단위로 경제계획을 세운다. 한 해에 국가가 쓸 돈을 예산이라고 하는데, 이 예산을 결정하는 일을 국회의원이 한다. 2025년 기준 우리나라 국회가 결정한 예산 규모는 총 656.9조 원 정도다. 이 중 민생·복지 지원에 약 250조 원이 계획되어 있고, 일자리와 산업 투자 등 경제 활성화에 약 180조 원이 계획되어 있다. 그 외 국방 안보 분야에 약 60조 원, 교육·과학기술 분야에 약 80조 원, 기후변화·에너지 분야에 약 40조 원이 계획되어 있다.

국회의원은 국가의 예산을 심의·확정하는 중요한 역할을 맡고 있다. 이는 단순한 숫자 계산이 아니라 국민의 삶의 질과 직결되는 문제이기에 더욱 신중함이 요구된다. 나라의 살림살이를 책임지는 자리인 만큼, 국회의원은 한정된 예산을 어떻게 나누고 쓸 것인지 균형 잡힌 시각과 책임 의식을 가져야 한다. 국민의 세금이 낭비되지 않도록 철저히 계획하고 감시하는 것 역시 국회의원의 중요한 책무다. 결국 국회의원은 국가가 한 해 동안 어디에 얼마나 힘을 쏟을지를 결정하는, 나라 살림의 설계자라 할 수 있다.

정부가 추진하는 정책을 심사하고 승인하는 역할

정부는 국민을 잘살게 해주기 위한 정책을 만들고 추진하는 기관이다. 그런데 이러한 정책 중에는 정부가 독자적으로 추진할 수 있는 것도 있지만, 반드시 국회의 승인을 거쳐야 하는 정책도 있다.

국회의 승인을 거쳐야 하는 정책으로는 예산을 새롭게 편성해서 집행해야 하는 것, 법 개정이 필요한 것, 국민의 기본권에 영향을 미치는 것 등을 들 수 있다. 기존의 법률 내에서 추진이 가능한 정책은 정부가 독자적으로 정책을 추진할 수 있다. 예를 들어 공공기관 업무 시간 조정, 국립공원 입장료 인하, 환경 보호 캠페인 실시 등과 같은 것은 정부가 독자적으로 추진할 수 있는 정책이다. 또 국가의 긴급 상황이 발생하였을 때도 대통령이 긴급 명령으로 정책을 추진할 수 있다.

하지만 예산을 새롭게 편성해서 집행해야 하는 일, 법 개정이 필요한 일 등은 반드시 국회의 심사 및 승인을 거치는 과정이 필요하다.

예를 들어, 2024년도에 정부가 제출한 국방 예산, 반도체·AI 산업 지원 예산 등에 대하여 국회는 국방 예산은 일부 삭감, 반도체·AI 산업 지원 예산은 증액하는 결정을 했다. 이것은 정부가 예산을 마음대로 사용할 수 없고 국회의 승인을 받아야 함을 뜻하는 것이다. 또 2023년, 정부에서 기초연금을 기존 30만 원에서 40만 원으로 인상하는 '기초연금법 개정안'을 국회에 올렸는데, 국회는 이를 심사하여 통과시켰다. 그 결과로 2024년부터 기초연금이 40만 원으로 지급되고 있다.

국회의원은 이처럼 중요한 일을 하는 직업이다. 국민의 세금이 제대로 쓰이도록 살피고, 국민의 삶에 직접 영향을 미치는 법과 예산을 꼼꼼히 따지는 사람이다. 국회의원은 정부가 추진하는 주요 정책이 국민의 삶에 긍정적인 영향을 줄 수 있도록 꼼꼼히 심사하고 조율하는 역할을 한다. 예산이나 법 개정이 필요한 정책은 특히 신중한 검토가 필요하며, 이는 국회의 역할이 단순한 승인 절차를 넘어서 국민의 권리와 세금을 지키는 중요한 과정임을 보여준다. 정부의 정책이 균형 있게 추진되도록 견제하고 조정하는 국회의 기능은 민주주의의 핵심이기도 하다. 따라서 국회의원은 국민의 목소리를 대변하여 정책이 올바른 방향으로 나아가도록 책임 있게 판단하고 결정해야 하는 매우 중요한 공직이다.

정부를 견제하는 역할

국가를 입법, 행정, 사법으로 나누어 다스리는 것을 삼권 분립이라고 한다. 삼권 분립 제도를 시행하는 가장 큰 목적은 대통령 한 사람에게 권력이 집중되는 것을 막기 위해서다. 그런 점에서 사법부는 법을 어긴 부분에 대하여 심판하는 권한을 가지지만, 입법부인 국회는 정부(대통령과 행정 기관)가 권력을 남용하지 않도록 견제하는 권한을 갖는다.

정부가 독단적으로 운영되지 않도록 감시하고 견제하는 역할을 하기 위해 국회에게 주어진 권한은 예산과 법률 외에 국정 감사 및 조사권, 탄핵 소추권, 국무총리·장관 해임 건의권, 중요한 국가 결정에 대한 국회 동의권 등이다.

먼저 국정 감사 및 조사권은 정부의 정책이 제대로 실행되고 있는지 조사하고 감사하는 권한이다. 예를 들어 2023년에 후쿠시마 오염수 방류 관련 국정 감사가 있었는데, 이때 국회는 정부의 대응이 적절했는지 조사하였다. 또 2021년에 LH 부동산 투기 사건이 있었는데 국회는 공공기관의 부패를 감사하기도 했다.

탄핵 소추권은 대통령, 국무총리, 장관, 판·검사 등 고위 공직자가 심각한 위법 행위를 했을 때 파면을 추진할 수 있도록 주어진 권한이다. 실제 2016년 박근혜 대통령의 헌법 위반 및 국정농단 사건에 대하여 국회가 탄핵을 의

결했는데 헌법재판소에서 최종 판결을 통하여 대통령직에서 물러나기도 했다. 2024년 12월에는 윤석열 대통령이 계엄령 검토 지시, 국회 무력화 시도 등 헌정 질서를 위협한 행위에 대해 국회 본회의에서 탄핵소추안을 가결하였고, 2025년 4월 헌법재판소는 재판관 전원일치 의견으로 탄핵을 인용, 윤석열 대통령을 대통령직에서 파면했다. 이러한 사례들은 국회가 행정부의 권력 남용을 견제하는 삼권 분립 원칙을 실제로 실현한 대표적인 사건들로 평가된다.

또 현재에도 국회에서 많은 탄핵이 이루어지고 있다. 국회는 국무총리 · 장관 해임 건의권도 가지고 있는데, 이는 국무총리 및 장관이 부적절하다고 판단되면 대통령에게 해임을 건의할 수 있는 제도다. 하지만 대통령이 거부하면 해임되지 않는다.

한편, 대통령이 국가에 중요한 결정을 할 때에는 국회의 동의를 얻어야만 한다. 국가의 사소한 문제는 대통령이 독자적으로 결정할 수 있지만 전쟁이나 군대 파병, 국제 조약 체결 같은 중요한 결정은 반드시 국회의 승인을 받아야 한다. 예를 들어 2011년 한미 FTA(대한민국과 미국이 상호 간 무역을 자유롭게 하기 위해 체결한 협정)로 문제가 발생했는데, 이때 우리나라 정부는 2007년 미국과 협상을 타결하고 2011년 국회의 동의를 얻어 2012년부터 시행하는 과정을 거쳤다. 또 2002년 아프가니스탄 전쟁에 파병 문제가 발생했는데, 이때에도 정부는 국회의 동의를 얻어 파병을 진행하였다.

국회의원은 이처럼 국가의 중요한 결정을 책임지고 감시하는 자리에 있는 사람이다. 국민을 대신해 권력을 견제하고, 민주주의의 균형을 지키는 것이 바로 국회의 역할이다.

지역구를 대표하는 역할

우리나라에서 국회의원을 뽑는 선거제도는 지역구 선거, 비례대표 선거 등으로 이루어져 있다. 2024년 기준 지역구 선거는 전국을 253개 지역구로 나누고 각 지역에서 한 명씩을 선출하는 방식으로 치러졌다. 따라서 지역구 선거로 당선되는 국회의원은 총 253명이다. 또 지역구 선거와 별개로 정당별 득표율에 따라 47명의 의석을 배분하는데, 이렇게 하여 당선된 국회의원을 비례대표 국회의원이라고 한다. 따라서 우리나라의 국회의원은 총 300명(지역구 국회의원 253명 + 비례대표 국회의원 47명)으로 구성된다.

비례대표 국회의원을 제외하면 우리나라의 국회의원은 지역구를 중심으로 당선되기 때문에 지역구를 대표하는 역할도 한다. 즉 지역구에서 국회의원에 당선되기 위해서는 지역주민들의 신뢰를 얻고 지지를 받아야 하므로 지역 발전을 위한 노력을 게을리해서는 안 된다. 이 때문에 지역구 국회의원은 지역주민들의 불편한 점을 해결하는 역할을 하면서 정치적 영향력을 키워 나간다. 예를 들어 지역의 도로나 전철역 개설, 병원, 학교 건설 같은 사업에 예산을 배정받기 위해 노력하는 일들을 들 수 있다. 이런 성과를 이루면 다음 국회의원에 당선되는 데도 유리한 고지를 점령할 수 있다.

국회의원이
되기까지

우리나라에서 국회의원이 되기 위해서는 어떤 과정을 거쳐야 할까? 당연히 국회의원을 뽑는 총선거에서 당선되어야 한다. 그렇다면 어떤 사람들이 총선거에서 당선될까? 이를 알아보기 위해서는 먼저 국회의원에 당선된 사람들의 직업 분포를 살펴볼 필요가 있다. 이를 통하여 국회의원에 당선되는 경우의 수를 파악할 수 있기 때문이다.

국회의원에 당선된 사람들의 직업 분포

요즘 방송이 예전과 달리 예능 중심으로 편성되고 있다. 그런데 과거 예능인은 코미디언, 개그맨들이 주류를 이루었으나 근래에는 가수, 스포츠 스타 등 다양한 직업군이 진출하고 있다. 정치계도 마찬가지다. 정치 전문가인 정치인이 주류를 이룰 것 같지만, 다양한 직업군이 들어오고 있는 것이 현실이다. 2024년 치러진 22대 총선에서 국회의원에 당선된 사람들의 직업을 살펴보면 어떤 직업군이 국회의원에 당선되는지 대략 파악할 수 있다.

다음은 22대 총선거에서 국회의원에 당선된 사람들의 직업 비율을 나타낸 표이다.

직업군	인원수	비율(%)
정치인(전직 국회의원 · 보좌관 등)	약 70~75명	약 23~25%
법조인(판 · 검사, 변호사)	약 45~50명	약 15~17%
관료(전직 공무원, 장 · 차관 등)	약 35~40명	약 12~13%
교수(대학 교수, 연구자)	약 35~40명	약 12~13%
노동 · 시민운동가	약 20~25명	약 7~8%
언론인(기자, 앵커 등)	약 20~25명	약 7~8%
기업인(CEO, 경제 전문가 등)	약 18~22명	약 6~7%
의사 · 과학자 · IT 전문가	약 15~20명	약 5~6%
군인(전직 장성, 장교 등)	약 8~12명	약 3~4%
기타(종교인, 농민 등)	약 8~12명	약 3~4%
예술 · 체육인(배우, 운동선수 등)	약 5~7명	약 1.5~2.5%

위 표를 살펴보면 300명 국회의원 중에서 정치인 출신

의 비율이 가장 높다. 이것은 청년 때부터 정치가를 꿈꾸고 준비하는 사람들에게 유리하다는 뜻이다. 정치인 출신으로 국회의원에 당선된 사람은 약 70~75명으로 전체의 약 23~25%를 차지한다. 그런데 이것은 역으로 볼 때 나머지 230명 정도는 비정치인 출신이 국회의원의 자리를 차지한다는 뜻이기도 하다. 따라서 정치인의 길을 걷지 않아도 국회의원이 될 수 있는 방법은 얼마든지 있다.

비정치인 출신으로 국회의원이 된 사람들의 직업을 잘 살펴보면 우리 사회에서 상위권을 이루고 있는 직업의 거의 전 분야를 망라한다고 볼 수 있다. 법조인(판·검사, 변호사), 관료(전직 공무원, 장·차관 등), 교수, 언론인(기자, 앵커 등), 기업인(CEO, 경제 전문가 등), 노동·시민운동가, 의사·과학자·IT 전문가, 군인(전직 장성, 장교 등), 예술·체육인(배우, 운동선수 등), 기타(종교인, 농민 등) 등이다. 이들은 각 직업 분야에서 큰 성과를 이루거나 인정을 받은 사람들이다. 즉, 자기 분야에서 인정받고 성과를 이룬 사람들이 새로운 역할과 책임을 맡기 위해 도전하는 곳이 국회의원이라는 것을 알 수 있다.

우리는 이런 사실을 통해 국회의원이 되는 또 다른 길을 알 수 있다. 꼭 어릴 때부터 준비하지 않아도, 다양한 분야에서 자신의 역량을 키우고 인정받으면 국회의원이 될 수 있는 길이 열린다. 이는 여러분이 지금 어떤 꿈을 꾸고 있든, 그 꿈이 언젠가는 나라를 움직이는 중요한 자리로 이어질 수 있음을 뜻한다. 국회는 단지 정치인들만의 공간이 아니라, 사회 여러 분야에서 경험을 쌓은 사람들이 함께 모여 더 나은 미래를 만들어 가는 곳이기 때문이다.

전문 정치인의 과정을 걷는 코스

국회의원에 당선된 직업 중 가장 높은 비율을 차지하는 것이 정치인 출신이다. 이들은 대부분 전직 국회의원의 보좌관 일을 통하여 경력을 쌓은 사람들이다. 따라서 전문 정치인의 과정을 거치고자 하는 청년들이라면 국회의원의 보좌관 코스를 거치는 것이 국회의원이 되는 지름길이라고 할 수 있다.

우리나라 국회의원은 최대 9명의 보좌진을 둘 수 있다. 이들의 직급과 하는 일, 임금 등에 대하여 소개하면 다음과 같다.

보좌진의 직급 및 하는 일과 임금

직급	하는 일	임금(세전)
4급 보좌관(2명)	정책 수립, 법안 검토, 대외 협력	약 600만~ 700만 원

5급 비서관(2명)	국정 · 정책 조언, 언론 대응, 홍보	약 500만~ 600만 원
6급 비서관 1명	입법 보조, 자료 분석, 일정 관리	약 400만~ 500만 원
7급 비서관 1명	지역구 관리, 민원 대응, 행정 업무	약 350만~ 450만 원
8급 비서관 1명	사무 보조, SNS · 홍보 지원	약 300만~ 400만 원
9급 비서관 1명	일정 조율, 행정 지원, 문서 작성	약 250만~ 350만 원
인턴 비서관 1명	서류 정리, 자료 조사, 보조 업무	약 200만~ 250만 원

국회의원을 꿈꾸는 대학을 갓 졸업한 청년이라면 인턴 비서관부터 신중하게 준비하여 지원할 수 있다. 만약 대학 때부터 어느 정도 정치 스펙을 가지고 있다면 비서관 자리까지 노릴 수 있다. 국회의원의 보좌진이 되는 방법은 여러 가지가 있다. 국회의원은 자신의 보좌진을 꾸릴 때 대개 인맥이나 추천을 활용한다. 자신이 믿을 수 있는 사람과 일하기를 원하기 때문이다. 이를 위해 정당 활동에 참여하면서 인맥을 쌓아두는 것은 매우 중요하다. 또 국회에서 진행하는 정책연구소, 입법 보조 활동 등을 하거나 청년 정치단체나 정당에서 당직자로 활동하면 보좌진이 될 기회를 얻을

수도 있다. 또 법률 계통이나, 경제(회계·재정 전문가) 계통, 언론 계통 등에서 직업 경험이 있는 사람은 보좌진으로 채용될 가능성이 높다.

일부 국회의원실에서는 공개 채용 공고를 내고 지원자를 모집하기도 한다. 특히 인턴 비서나 9급 비서 채용은 공개 모집이 상대적으로 많다. 따라서 수시로 국회 홈페이지, 국회의원 SNS, 정당 홈페이지 등을 확인하는 것이 필수다. 이렇게 하여 인턴 비서에 합격하면 그 위쪽 비서관들로 승진이 가능하므로 경력을 쌓아나갈 수 있다. 어느 정도 정치적 경륜이 쌓이면 비로소 국회의원 선거에 출마할 기회가 생기기도 한다.

정당의 국회의원 선거 후보자가 되는 방법

드디어 국회의원 선거에 나갈 정도의 경력이 쌓였다고 판단되면 이제 국회의원 선거를 준비해야 한다. 우리나라는 정당 정치를 기본으로 하기 때문에 정당의 후보로 국회의원 선거에 나가지 않고 당선될 확률은 거의 희박하다. 따라서 국회의원 선거에 나가고자 하는 사람들은 대부분이 정당의 공천을 받으려고 한다. 공천이란 공식적으로 정당의 후보자로 추천받는 것을 뜻한다. 이 때문에 정치가가 되고자 하는 사람들은 반드시 정당에 가입하여 활동해야 한다.

각 정당은 국회의원 후보자를 확정하기 위한 공천심사 위원회를 구성하게 된다. 이 공천심사위원회에서 후보자의 자격을 심사하여 지역구 선거에 나갈 후보와 비례대표 후보를 결정하는 일을 한다.

먼저 비례대표 후보는 지역구 후보와 달리 당의 정책을 대표하는 인물을 뽑아야 하므로 정치적 경력, 사회적 기여도, 도덕적 신뢰도, 인지도 등을 바탕으로 순번을 정하게 된다. 이때 당선 가능성이 있는 순번에 들어야 당선 확률이 높아진다.

예를 들어, 비례대표 1번부터 15번까지 당선된다면 16번 이후로 순번에 든 사람은 낙선하게 되는 방식이다. 이러한 비례대표는 대개 사회적 지명도를 중요하게 따지므로 비례대표 후보가 되기 위해서는 이런 경력을 쌓아나가야 한다. 비례대표 국회의원의 경우 직접 지역구 선거에 참여하지 않기 때문에 지역구 국회의원들에 비해 정치적 활동이나 대표성 면에서 다르게 평가받는 경향이 있다.

이제 각 정당의 지역구 후보자로 선정되는 방법을 알아보자. 각 정당은 지역구를 관리하기 위해 각 지역구 단위로 지역위원장 제도를 두고 있다. 이것은 정당에서 각 지역구를 대표하는 지역 지도자를 두는 제도이다. 지역구 선거에 나가고자 한다면 먼저 여기에 관심을 두고 준비하는 것이 좋다. 만약 지역위원장이 되면 후보자로 공천될 확률이 매우 높아진다. 물론 지역위원장이 되지 않더라도 다른 방식으로 자신의 인지도를 높인다면 공천될 수도 있다.

국회의원 선거에 나가고자 하는 결심이 섰다면, 먼저 예비 후보자 등록을 해야 한다. 만약 한 지역구에 예비 후보자가 여러 명 있다면 서로 경쟁해야 한다. 공천심사위원회는 각 후보자를 평가하여 공천 심사에 들어가며 공식적으로 최종 후보자를 결정하게 된다. 요즘은 당내 민주주의를 중요하게 생각하여 각 후보자끼리 당내 경선을 벌여 후보자를 결정하기도 한다. 이렇게 하여 최종적으로 당의 후보자가 되면 비로소 당의 후보로 국회의원 선거에 출마할 수 있다.

국회의원 선거 운동 과정

우리나라의 국회의원 선거는 4년마다 시행된다. 이 선거는 중앙선거관리위원회에서 관리하며 선거법에 따라 선거가 치러진다. 선거일은 보통 선거일 몇 달 전에 중앙선거관리위원회에서 공식적으로 발표하는데, 보통 봄에 치러진다. 국회의원 선거에 출마하고자 하는 사람은 중앙선거관리위원회에 후보자 등록을 함으로써 선거에 출마할 수 있다. 이때 필요한 서류를 제출하고 선거에 필요한 보증금을 납부해야 한다.

선거 기간이 되면 후보자들은 어떻게든 자신을 유권자에게 알리기 위해 노력한다. 그런데 법적으로 정해진 선거 운동 기간은 선거일을 포함하여 13일밖에 되지 않는다. 게다가 공식적인 선거 운동은 선거일 전날 오후 6시까지만 할 수 있으므로 실제적인 선거 운동 기간은 12일이다. 이 기간에 각 후보자는 유권자에게 자신의 정책과 비전을 알리기 위해 온갖 노력을 다해야 한다.

이 때문에 후보자들은 공식적인 선거 운동 기간 전부터 자신을 알리기 위해 노력한다. 선거 운동 기간에만 거리 유세(거리에 나가 많은 대중을 상대로 자신을 알리는 것), 홍보물 배포, 선거 방송 등을 할 수 있으므로 이 외의 방법으로 자신을 알리기 위해 노력하는 것이다. 선거 운동 기간이 아닐 때에는 명함 배포와 같은 활동을 통해 자신을 알릴 수 있다.

선거 운동이 종료된 후에는 선거 운동을 할 수 없으며 추가적인 유세나 선거 운동이 금지된다. 그리고 선거 당일에는 유권자들의 투표가 진행된다. 이때 후보자들은 선거 운동을 할 수 없다.

투표가 종료된 후에는 각 투표소에서 개표가 시작되며, 개표할 때는 각 후보자 및 정당의 관계자들이 참관할 수 있다. 개표는 대개 선거일 다음 날 새벽까지 진행되며 중앙 선거관리위원회에서 결과를 집계하여 최종적으로 확정된 당선자를 발표한다. 이때, 선거구별, 정당별, 후보별 득표수가 공개된다. 선거 결과 당선자가 되면 드디어 국회의원의 자격을 얻을 수 있다. 앞에서도 이야기했듯 이렇게 하여 선출하는 우리나라 국회의원의 수는 지역구와 비례대표를 모두 합쳐 300명이다.

국회의원의 공식 활동

국회의원에 당선되고 나면 국회의원으로서 공식적으로 활동하게 된다. 국회의원의 활동은 국회의 회기에 따라 이루어진다. 회기란 국회가 공식적으로 활동하는 기간을 뜻한다. 국회의원은 이 회기 동안 다양한 의정 활동을 한다.

우리나라 국회의 회기는 정기회와 임시회로 나뉘어 있으며, 정기회는 매년 하반기에 약 100일 동안 진행된다. 정기회에서는 각종 법안을 다루고 예산을 심의하며 정부의 정책을 점검하는 활동이 이루어진다.

임시회는 특정 법안이나 긴급한 국가적 문제를 다뤄야 할 때 대통령의 요구나 국회의 의결을 거쳐 소집된다. 국회의 의결은 국회 재적의원의 4분의 1 이상이 찬성해야 한다.

국회의 회의 일정은 국회 본회의와 상임위원회, 특별위

원회 등으로 구성되어 있다. 본회의란 국회의사당에서 국회의원 전체가 모여 이루어지는 회의를 말한다. 상임위원회는 국회의 주요 의정 활동을 원활하게 진행하기 위해 특정 분야에 전문성을 가지고 논의하는 소위원회를 뜻한다. 따라서 국회의원이 되면 누구나 하나의 상임위원회에 소속되어야 한다. 우리나라 국회의 상임위원회에는 다음과 같은 종류가 있으며 주 1회 정기 회의가 열린다.

- 법제사법위원회: 법률 관련 문제를 다룬다.

- 기획재정위원회: 국가의 재정과 예산, 세제 문제를 다룬다.

- 교육위원회: 교육과 관련된 법안, 정책을 다룬다.

- 외교통일위원회: 외교 정책과 통일 문제를 다룬다.

- 국방위원회: 군사, 국방 정책을 다룬다.

- 보건복지위원회: 보건, 의료, 복지 정책을 다룬다.

- 환경노동위원회: 환경 보호 및 노동 관련 법안과 정책을 다룬다.

- 행정안전위원회: 행정과 안전 관련 문제를 다룬다.

- 문화체육관광위원회: 문화, 체육, 관광 관련 법안과 정책을 다룬다.

- 산업통상자원위원회: 산업, 경제, 자원과 관련된 정책을 다룬다.

- 농림축산식품해양수산위원회: 농업, 축산업, 식품, 해양수산 문제를 다룬다.

• 과학기술정보방송통신위원회: 과학기술, 정보통신, 방송 분야
의 정책과 법안을 다룬다.

한편, 국회에서는 상임위원회의 범위를 넘어서는 특별한 문제에 대응하기 위해 특별위원회를 소집하기도 한다. 특별위원회는 국회 본회의에서 임시로 구성되는 위원회이다.

국회의원들은 회기 동안 이와 같은 활동을 하며 회기가 끝나면 휴식 기간을 가질 수 있다. 대개의 국회의원은 휴식 기간 동안 다음 회기를 준비한다.

국회의원 직업의
장점과 단점

국회의원은 국민을 대표하는 명예로운 자리이므로 정치에 관심이 있는 사람이라면 선망하는 직업이다. 하지만 아무리 좋은 직업이라 할지라도 나름의 고충은 있는 법이다. 지금부터 국회의원이라는 직업의 장단점에 대해 알아보자.

국회의원 직업의 장점

직업에는 귀천이 없다는 말이 있다. 이 말은 모든 직업은 그 자체로 존중받아야 할 가치가 있으므로 어떤 직업이 더 우월하거나 하찮은 것이 없다는 뜻이다. 그런데도 사람들은 사회적 지위가 높고 돈을 많이 버는 직업을 선호한다. 그런 점에서 국회의원은 장점을 가지고 있는 직업이라고 할 수 있다.

국회의원은 국민을 대표하는 높은 지위에 있는 직업인 동시에 월급 또한 적지 않다. 2025년 기준 국회의원 한 사람이 받는 연봉은 수당 포함 대략 1억 6천만 원(세전) 정도로 알려져 있다. 적지 않은 금액인데 국회의원의 혜택은 여기에서 그치지 않는다. 각종 활동비를 지원할 뿐만 아니라 차량 지원비, 해외 출장비, 사무실 운영비 등도 지급된다. 여기에 불체포 특권(현행범이 아닌 경우 국회 동의 없이 체포나 구속이 불가능함), 면책 특권(일부 범죄에 대해 기소를 면제받을 수 있음)도 있다. 이 정도라면 국회의원은 혜택 면에서 큰 장점을 가지고 있는 직업이라고 할 수 있다.

세상에 돈을 벌 수 있는 직업은 많지만, 나라를 변화시킬 수 있는 직업은 드물다. 국회의원은 나라 예산을 다루고 정책을 결정하는 중요한 역할을 하기 때문에 국가의 발전과 사회 변화를 이끌어 낼 수 있는 몇 안 되는 직업이다. 국가의 발전과 사회 변화를 꿈꾸는 사람에게는 안성맞춤인 직업이 바로 국회의원이다. 물론 국회의 모든 결정은 표결로 이루어지기 때문에 국회의원 개인이 할 수 있는 역할은 제한될 수 있으나 그 표결에 참여함으로써 국가의 발전과 사회 변화에 기여할 수 있다.

또 국회의원은 국민을 대표하는 상징성과 높은 지위로 인해 정치적, 경제적, 사회적 분야에서 많은 영향력 있는 사람들과 만날 수 있다. 국제적으로 국가를 대표하는 행사에 참여하여 외국의 영향력 있는 사람들과 만날 기회도 있다. 이런 경험을 통하여 국회의원은 다양한 분야의 인맥을 쌓을 수 있고 법률, 경제, 외교, 사회 등 다양한 분야의 지식과 경험을 쌓을 수 있다. 이러한 점에서 국회의원은 다양한 기회와 영향력을 갖춘 매력적인 직업이다.

국회의원 직업의 단점

국회의원은 어떤 직업보다 공인의 위치에 있는 직업이다. 공인이란 '공적인 일(사회나 국가, 공동체의 이익을 위한 활동)에 종사하는 사람'을 뜻하는 말로, 단지 유명한 사람을 뜻하는 것은 아니다. 예를 들어 인기스타는 유명인이지만 공인은 아니다. 인기스타 같은 유명인은 자신의 이익을 우선하는 반면, 공인은 공동체의 이익을 우선한다는 점에서 차이가 있다.

국회의원은 공인이라는 점에서 높은 책임감을 가지고 있고 이 때문에 스트레스를 받기도 한다. 만약 자신의 결정이 공동체에 유익을 준다면 좋겠지만 그렇지 않을 경우 국민의 신뢰를 잃을 위험이 있다. 이런 부분에서 국회의원은 정치적 압박이나 갈등에 처할 수 있고 정신적, 감정적 스트레스를 받을 수 있다.

또한 국회의원이 유명세를 치르면 많은 언론의 관심을 받으며 그로 인해 개인적인 생활도 관심사가 될 수 있다. 이때 좋지 않은 사생활이 공개되면 개인적인 이미지에 큰 타격을 받을 수도 있다.

우리나라에서 국회의원은 국민으로부터 불신을 받는 직업에 속하기도 한다. 역사적으로 부정적인 모습을 많이 보였기 때문이다. 특히 국회의원이 부정적인 모습을 보이는 장면은 여당과 야당 간의 권력 대립에서 나타난다. 바람직한 정치의 모습은 여당과 야당이 서로 타협하여 좋은 결론을 끌어내는 것이지만, 실제 정치의 현실은 이와 반대로 흘러간다.

현재 정치의 현실은 서로가 권력을 잡기 위해 자신의 의견을 굽히지 않으며 도리어 상대를 비난하고 공격하는 것이 다반사가 된 모양새다. 이것은 서민의 생활이나 나라의 경제에는 관심도 없고 오직 권력을 잡는 것에만 집중하는 것으로 보여 국민의 비판 대상이 되고 있다. 국회의원은 이런 문제 때문에 언론이나 대중의 집중적인 공격을 받을 수 있으므로 이를 극복해야 하는 과제를 안고 있다.

한편, 국회의원은 평생 할 수 있는 직업이 아니라 임기가 4년으로 한정된 직업이다. 따라서 국회의원을 계속하기 위해서는 4년마다 선거를 치러야 하는데, 선거에는 큰 비용이 들 뿐만 아니라 당선된다는 보장도 없다. 국회의원 선거를 한 번 치르는 데 드는 비용은 개인과 지역마다 차이가 있지만 대략 수억 원이 든다고 알려져 있다. 소규모 선거구의 경우 1억 원 정도의 비용이 들고, 대도시나 대형 선거구에서는 수억 원이 든다고 알려져 있다.

국회의원은 선거에 낙선하면 정치적 타격을 입을 수 있고, 임기가 보장되지 않아 직업적 안정성이 떨어지는 단점이 있다.

국회의원이 갖추어야 할 법 정신과 윤리의식

국회의원은 공인의 신분이기 때문에 누구보다 높은 법 정신과 윤리의식을 지니고 있어야 한다. 우리는 유명한 국회의원이 뇌물을 받거나 윤리적 문제를 저지르는 뉴스를 많이 봐 왔다. 이것은 국회의원이 누구보다 높은 법 정신을 가지고 법을 지키기 위해 노력해야 하며, 높은 윤리의식을 가지고 투명하게 생활해야 함을 보여주는 상징적 장면이라고 할 수 있다.

법과 질서를 준수하는 태도

국회의원은 국가의 법을 만드는 일을 한다. 그런 국회의원이 법을 위반한다면 그는 이미 국회의원으로서 자격이 없는 사람이다. 헌법을 존중하고 반드시 법을 지키겠다는

법 정신을 가지지 않은 사람은 절대 국회의원이 되어서는
안 된다. 만약 이런 사람이 국회의원이 된다면 얼마든지 잘
못된 법도 만들 수 있기 때문이다.

또한 국회의원은 공정한 법 정신을 가지고 있어야 한다.
국회의원은 정의롭고 공정한 사회를 만들기 위해 노력해야
하는 직업이기 때문이다. 만약 국회의원이 공정한 법 정신
을 가지고 있지 않으면 특정 집단에 이익이 되는 법을 만
들 가능성이 있다. 이것은 곧 반대되는 다수의 국민에게 피
해를 주는 법이 되므로 큰 문제를 일으키게 된다. 따라서
국회의원은 법을 만들 때 항상 특정 집단이나 개인에게 유
리하게 편향되지 않도록 주의해야 하며, 모든 국민에게 공
정하게 적용되는 법을 만들기 위해 노력해야 한다.

무엇보다 국회의원이 지녀야 할 법 정신은 헌법 정신의
준수이다. 우리나라 헌법에는 민주주의, 법치주의, 인권 존
중 등의 핵심적 가치를 담고 있다. 국회의원은 이러한 헌법
의 핵심 정신을 존중하고 지키려는 태도를 가지고 있어야
한다. 이것이 무너지면 민주주의가 훼손되며, 인권이 무너
진다.

투명성, 청렴성, 책임감

국회의원은 국민의 신뢰를 바탕으로 국민의 대표로 선출

되는 직업이다. 높은 지위에 있다 보면 이권을 챙길 기회가 올 수 있고 자기도 모르게 탐욕이 생길 수도 있다. 이때 투명성과 청렴성의 윤리의식을 갖고 있지 않으면 부정적인 이익을 추구하는 욕심에 빠질 수 있다. 뉴스에 나오는 많은 국회의원이 이러한 과정으로 타락에 빠지는 것이다. 따라서 국회의원은 투명성과 청렴성을 갖추는 것이 꼭 필요하다.

투명성이란 국회의원이 자신이 하는 일을 국민에게 투명하게 공개하는 것을 말한다. 이는 국민을 존중하는 태도를 보여주는 동시에, 자신이 하는 일과 그에 대한 정보를 공개함으로써 불필요한 의혹이나 탐욕을 예방하는 데에도 효과적이다. 사실 마음에 개인적인 욕심이 없다면, 자신이 하는 일을 투명하게 공개하는 것은 그리 어려운 일이 아니다.

청렴성은 마음이 맑고 깨끗하여 돈을 탐하는 마음이 없는 성질을 뜻한다. 예로부터 청렴성이 높은 정치가는 국민의 존경을 받아왔다. 그런데 국회의원에게 청렴성이 부족하면 부정적인 이익을 추구하거나 개인적인 이익을 탐하게 된다. 국회의원이라는 자리는 국민에게 봉사하는 자리이지 돈을 버는 직업이 아님을 알아야 한다. 만약 돈을 벌고 싶다면 국회의원이 아니라 사업을 하는 편이 낫다. 국회의원의 자리에서 개인의 이익을 탐하다 보면 국민에게 폐를 끼치기 때문이다.

　마지막으로 국회의원이 꼭 가져야 할 윤리의식은 책임감이다. 이것은 자신의 이익보다 국익과 국민의 삶을 최우선으로 하는 책임감이다. 국회의원은 나라의 중요한 문제에 대한 결정을 내려야 하는데, 이때 자신의 이익보다 국익과 국민의 삶에 더 이익이 되는지를 반드시 생각하고 결정해야 한다. 국회의원이 이러한 책임감을 가지고 국정에 임하면 그 나라는 발전할 수밖에 없다. 따라서 국회의원은 자신이나 정당의 이익이 아니라, 국익을 우선시하는 태도를 가져야 한다.

국회의원의 하루
따라가기

국회의원의 하루는 어떻게 될까? 일반 직장인의 하루는 대략 예상이 되지만 국회의원의 하루는 예상하기가 쉽지 않다. 왜냐하면 국회는 일반 직장과는 다른 방식으로 운영되기 때문이다. 따라서 국회의원의 하루를 알아보기 전에 국회가 어떻게 운영되는지 살펴보자.

국회의 회기와 국회의원이 꼭 참석해야 하는 회의

국회의원의 주업무는 국회에서 열리는 회의에 참석하는 일이다. 국회에서 열리는 회의에는 본회의와 상임위원회 회의, 국정감사 및 조사, 청문회 등이 있다. 본회의는 법률을 제정하거나 예산을 심의하는 중요한 회의이므로 국회의원은 반드시 출석해야 한다.

또 국회의원은 반드시 상임위원회에 소속되어야 하며 소속 상임위원회 회의에 참여해야 한다. 상임위원회는 국회에서 각 분야의 정책을 깊게 논의하는 중요한 기구로 이러한 상임위원회에 출석해야 법안 처리나 정책 결정에 참여할 수 있다.

국회의 회의 중에는 국정 감사 및 조사가 있는데, 이는 정부의 정책과 행정을 감사하고 조사하는 회의이다. 국정 감사나 국정 조사는 국회의원이 해야 할 일 중 중요한 부분이므로 이 회의에도 꼭 참석해야 한다.

그런데 이러한 회의는 1년 내내 하는 걸까? 학교에 학기와 방학이 있는 것처럼 국회의 회의도 학교와 비슷하게 돌아간다. 회의가 있는 기간을 회기라고 하고, 회의가 없는 기간을 비회기라고 한다. 회기는 국회가 실제로 활동하는 기간을 뜻하며 학교의 학기에 해당된다. 이 회기 때 본회의나 상임위원회 등의 회의가 진행된다. 정기회기는 1년에 두 차례, 봄 회기와 가을 회기로 열린다. 법으로 정한 각 회기 기간은 약 100일 정도이다. 봄 회기는 1월에 시작되어 5월까지 이어지며, 가을 회기는 9월에 시작되어 12월까지 이어진다. 또 임시회기가 있는데 긴급히 논의해야 할 사항이 있을 때 추가로 열리는 회기이다. 국회의원은 이 회기 동안 국회의 회의에 참석해야 한다.

국회의원이 해야 하는 일

국회의원이 해야 하는 일은 단지 국회의 회의에 참석하는 것에 그치지 않는다. 회의 참석 외에도 국회의원은 법안을 발의하거나 각종 정책을 제안하는 등의 의정 활동을 해야 한다. 이러한 의정 활동을 잘할 때 국회의원은 인정받게 된다. 그 외에도 국회의원은 언론의 인터뷰나 정책 세미나, 각종 공청회, 전문가와의 회의 등에 초대받아 참석해야 하는 경우가 많이 생긴다. 이런 활동이 많아지면 하루에도 여러 개의 일정이 생긴다.

또 국회의원은 자신을 뽑아 준 지역구를 관리하는 일도 해야 한다. 무엇보다 자신이 선거에서 내세운 공약을 지키기 위한 활동을 해야 한다. 이를 위해 지역주민과의 소통, 민원 해결, 지역 개발 사업 등의 활동이 이어질 수 있다. 이러한 지역구 활동은 국회의원의 중요한 업무 중 하나로 지역구 관리를 잘해야 다음 선거에서 당선될 확률이 높아진다.

국회의원은 회의가 이루어지는 회기에는 회의 참석뿐만 아니라 여러 행사 참석, 지역구 관리 등을 해야 하므로 하루일과가 빠듯할 수밖에 없다. 공식적인 회의가 없는 비회기 기간에는 조금 자유로운 시간을 가질 수 있으나 이때에도 지역구 활동, 정책 연구, 그리고 유권자와의 소통 등을 해야 하므로, 실제로 완전히 자유로운 시간은 많지 않다.

국회의원의 하루

다음은 챗GPT가 예상한 국회의원의 하루일과이다. G의원의 하루를 따라가 보자.

G의원은 아침 일찍 출근하여 보좌관들과 하루 일정을 챙기며 준비한다. 가장 먼저 오늘 지역구에서 진행할 일정이나 민원을 처리하기 위해 준비한다. 그러고 나서 본회의와 상임위원회 회의 안건을 검토하고 준비하는 시간을 갖는다. 이때 발언할 내용들에 대해서도 정리한다. 오전에는 본회의에 참석한다. 본회의에서는 주요 법안과 정부의 정책이 논의된다.

점심시간이 되자 G의원은 의원회관 식당에서 가볍게 식사하고 약속된 외부 인사와 미팅을 진행한다. 미팅을 마치고 사무실로 돌아와 오후 스케줄을 살펴본다. 오후에는 상임위원회 회의에 참석해야 하고 그외에 지역구 관련 회의와 언론 인터뷰가 잡혀 있다.

오후 일과가 시작된다. 상임위원회에 참석한 후 미리 약속된 지역구 관련 회의에 참석한다. 이 회의를 서둘러 마친

후 언론 인터뷰에 응한다. 언론 인터뷰 후에야 겨우 저녁을 먹는다.

저녁식사 후에는 현재 진행 중인 정책에 대해 해당 전문가와 만나 논의한다. 논의는 늦은 시간까지 이어진다. 이후에도 퇴근하지 못한다. 얼마 전부터 계획된 지역 행사에 참석해야 하기 때문이다.

지역 행사에 참석한 뒤 집에 돌아오니 이미 밤 10시가 넘어 있었다. G의원은 정책 관련 자료를 다시 살펴본 후 12시 넘어서야 잠에 든다.

온라인에 공개된 H의원의 하루

챗GPT가 예상한 G의원의 하루는 생각보다 빠듯해 보일 것이다. 그렇다면 실제 국회의원의 하루는 어떨까? 다음은 자신의 블로그에 공개한 H의원(당시 20대 국회의원)의 하루 일과●이다.

H의원은 5시 30분에 일어나 출근을 준비한다. 7시 30

● 출처: https://blog.naver.com/eunaher21/222063920233

분, 자신의 사무실이 있는 국회 의원회관에 도착한다. 보좌진들과 함께 의원회관 구내식당에서 조찬을 하고 9시까지 업무 미팅을 한다. 이 시간에 오늘의 일정을 체크하고 회의를 준비한다.

9시부터는 약 1시간 동안 보좌관들과 함께 현재 추진하고 있는 정책 및 의정 활동에 대한 홍보방안을 논의한다. 10시 30분부터 시작되는 의원총회에 참석해야 하는데 중간에 10시부터 2시간 정도 진행되는 간담회 참석이 잡혀 있다. 그래서 약 30분간 간담회에 참석한 후에 의원총회에 참석한다. 의원총회에서는 국회 운영에 대한 주요 현안이 논의되었다.

점심시간에는 '○○연구소'와 오찬 약속이 잡혀 있어 함께 식사하며 교제를 나눈다. 오찬 후에는 오후 2시부터 1시간 동안 진행되는 ○○당 비례대표 기부금 전달식에 참석한다.

행사 참석이 끝나자마자 오후 3시부터 기자회견에 참여했다. 기자회견에서는 국내 대표 소셜미디어 이용자의 데이터 보호와 관련된 내용을 다루었다. 기자회견이 끝나자마자 이번에는 ○○신문사와 1시간 30분 동안 인터뷰를 했다.

오후 5시부터는 이번 청문회와 관련된 당의 전략회의에 참석한다. 전략회의가 끝나고 그제야 사무실로 돌아와 보좌진과 업무 미팅을 하며 저녁 식사를 한다. 업무 미팅은 9시 30분까지 계속되고 그제야 퇴근한다. 귀가 후에는 내일 업무를 준비하고 자정 무렵이 되어서야 비로소 잠에 든다.

H의원은 그나마 비례대표 의원이기 때문에 지역구 관리 업무가 제외된다. 그럼에도 불구하고 바쁜 일정을 소화하고 있는 것을 볼 수 있다.

대통령이 된 국회의원, 링컨과 케네디

민주주의 국가에서는 대통령이 되기 전에 국회의원 등 정당 정치 경력을 쌓는 경우가 많다. 대부분이 정당에서 국회의원을 한 후 대통령이 되는 코스를 밟기 때문이다. 그래서 대통령은 국회의원 출신들이 대부분을 차지하고 있다. 우리나라에도 국회의원을 거친 대통령이 많다.

미국에서는 현재 47대에 이를 만큼 수많은 대통령이 탄생하였지만 의원 출신이 아닌 대통령은 손에 꼽을 정도다. 그중 47대 대통령이 된 트럼프 대통령은 연방의회 의원 경력 없이 대통령직에 오른 몇 안 되는 대통령 중 한 명이다.

국회의원을 거쳐 대통령의 자리까지 가기 위해서는 국회의원 활동 당시 빛나는 업적을 남겨야 한다. 그래야 대통령 후보 자리까지 오를 수 있고 대통령까지 될 수 있기 때문이다.

미국 역사상 훌륭한 대통령 중 한 명으로 인정받는 에이브러햄 링컨은 하원의원 당시 중요한 역할을 했다. 그는 일리노이주를 대표하는 하원의원으로 활동했는데, 이때 멕시코-미국 전쟁을 비판하고 노예제도 확대에 반대하는 목소리를 드높였다.

링컨은 이러한 업적을 인정받아 1860년 공화당 전당대회에서 대선 후보로 거론되기 시작했다. 그리고 그해 5월, 시카고에서 열린 공화당 전당대회에서 2차 투표까지 가는 상황에서 공화당 대통령 후보로 지명되기에 이른다. 그는 이어 치러진 11월 대통령 선거에서 북부와 서부의 압도적인 지지를 받으며 제16대 미국 대통령에 당선되었다.

미국의 유명한 대통령으로 기억되고 있는 존 F. 케네디 역시 매사추세츠주에서 상원의원으로 활동하며 중요한 업적을 이루었다. 그는 상원의 외교위원회에서 활동했는데, 이때 미국의 외교 정책에 큰 영향을 미치는 역할을 했다. 또한, 그는 민권법과 사회 보장 프로그램의 확장을 위한 법안 통과에도 성과를 내며 미국의 빈곤 퇴치에도 기여를 했다. 무엇보다 TV 토론에서 젊고 매력적인 모습과 자신감

있는 태도로 인기를 끌어 1960년 민주당 전당대회에서 대
통령 후보로 지명됐다. 이후 대선에서 공화당의 닉슨을 누
르고 제35대 미국 대통령에 당선되었다.

4장
대통령 마스터플랜

대통령은
어떤 직업일까?

대한민국 국민이라면 언제나 뉴스의 중심이 되는 대통령에 대해 어느 정도 알고 있을 것이다. 하지만 대통령이 구체적으로 어떤 일을 하고 어떻게 시간을 보내는지 아는 사람은 많지 않다. 여기에서는 대통령을 하나의 직업으로 보았을 때 어떤 일을 하는지 알아보고자 한다.

국가 대표자로서의 역할

대통령은 한 나라를 대표하는 인물이므로, 그에 걸맞은 역할을 수행해야 한다. 가장 중요한 역할 중 하나는 국민과의 소통이다. 대통령은 국민의 선택을 통해 선출된 지도자로서, 국민의 뜻을 살피고 국민을 하나로 아우르는 노력을 해야 한다. 역대 대통령들 가운데 국민과 제대로 소통하지 못한 경우, 그 한계가 곧 문제로 드러나곤 했다.

대통령은 국가의 대표로서 나라의 위상을 높이는 역할을 맡는다. 주요 행사나 기념일에 참석해 국민에게 메시지를 전하고, 국제 사회에서는 다른 나라들과 우호적인 관계를 맺기 위해 노력해야 한다. 이를 위해 대사나 영사를 임명하고, 국제 회의나 정상회담에 참석하는 등 활발한 외교 활동을 펼친다. 이 때문에 외교 현장에서 대통령을 '대외적으로는 1호 영업사원'이라 부르기도 한다.

한편 대통령은 천재지변이나 대형사고 등 국가적 위기 상황에서 국민을 이끌어 극복할 수 있는 지도력을 발휘해야 한다. 이 때문에 대통령은 위기 대응 능력과 극복 능력을 갖추고 있어야 한다.

군사적, 법률적 최고 지휘관

대통령은 법률적으로 군 최고 지휘관으로서의 지위가 부여된다. 따라서 전쟁 시 군 최고 지휘관은 대통령이 된다. 따라서 대통령은 군사적 지식과 능력도 갖추고 있어야 한다. 만약 전쟁이 발생하면 대통령은 군 최고 지휘관으로서 군사 전략을 세우고 중요한 군사 작전을 승인할 수 있어야 한다.

한편 대통령은 법과 관련해서도 최고 책임을 지는 역할

을 한다. 법을 만드는 곳은 국회이지만 그 법을 최종적으로 승인하는 사람은 대통령이다. 이 때문에 대통령은 국회에서 통과된 법을 거부할 수 있는 권한을 가진다. 이것은 법이 잘못된 방향으로 가는 것을 방지할 수 있도록 마련된 제도다.

또, 대통령은 법적으로 사면권을 가지고 있는데, 사면권이란 특정 범죄자의 죄를 면제해 주는 권리를 말한다. 이러한 사면권은 오직 대통령만 가질 수 있는 권리이다.

행정부 최고 책임자로서의 역할

나라를 직접적으로 다스리는 역할을 하는 곳이 행정부이다. 대통령은 행정부의 최고 책임자이기도 하다. 대통령은 행정부를 이끌며 법에 따라 나라를 다스린다. 경제도 발전시켜야 하고 사회 안전도 이루어야 한다.

한편 행정부의 책임자로서 대통령은 각 부처 장관과 청장 등을 임명할 수 있다. 또 공공기관 책임자를 임명할 수 있는 권한도 가진다. 대통령이 임명하는 공공기관장만을 소개하면 다음과 같다.

[주요 독립기관장]
• 중앙선거관리위원회 위원장

- 국가인권위원회 위원장

- 감사원장

- 법제처장

- 공정거래위원회 위원장

- 방송통신위원회 위원장

- 금융위원회 위원장

- 공공기관 운영위원회 위원장

[주요 자율적 공공기관장]

- 한국은행 총재

- 국민연금공단 이사장

- 한국거래소 이사장

- 한국전력공사 사장

- 한국수력원자력 사장

- 한국철도공사 사장

- 한국관광공사 사장

- 한국방송공사(KBS) 사장

[법원 관련]

- 대법원장 및 대법관

- 헌법재판소장 및 헌법재판관

이 외에도 대통령이 임명하는 공공기관장은 훨씬 많다. 대통령에 당선되는 것은 이처럼 국가의 중요한 조직과 단체장을 대부분 임명할 수 있기 때문에 막강한 힘을 가지고 있다고 말할 수 있다.

대통령이
되기까지

과거에는 초등학생들에게 미래의 꿈을 물어보면 대통령이 되고 싶다는 학생들이 많았다. 과연 대통령이 되고자 하면 어떤 과정을 거쳐야 할까? 이것은 대학에 합격하고 직장에 취직하는 것처럼 어떤 정해진 공식이 없기 때문에 역대 대통령들이 어떤 길을 걸었는지 살펴보는 것이 도움이 될 것이다.

역대 대통령들이 대통령이 된 과정

2025년 기준으로 우리나라는 제21대 대통령까지 선출되었다. 대수로는 21대지만 한 사람이 여러 번 대통령을 한 경우도 있기에 사람 수로 따지면 14명이다.

14명의 대통령 중 군인의 신분으로 대통령이 된 박정희,

전두환, 노태우, 대통령의 유고로 국무총리에서 대통령이 된 최규하, 유명 기업인에서 곧바로 대통령이 된 이명박, 검찰총장에서 곧바로 대통령이 된 윤석열 등 6명을 제외하면 나머지 8명은 모두 국회의원을 거쳐 대통령이 된 사람들이다.

박정희, 전두환, 노태우, 최규하 대통령 등은 군사정권과 관련되어 대통령이 되었다. 이는 선진국 대열에 들어선 우리나라에서 더 이상 일어나면 안 되는 일이므로 대통령이 되는 방법에서 제외시킬 수 있다.

그 외 이명박, 윤석열 대통령이 대통령이 되는 과정에서는 특별한 사회적 분위기가 있었다. 이명박 대통령의 경우 당시 경제 상황이 너무 안 좋았기에 유명 기업인이었던 이명박의 인기가 드높아 대통령에 당선될 수 있었다. 윤석열 대통령의 경우도 당시 좌우 이념대립이 극한의 상황에서 검찰총장으로서의 꼿꼿한 태도가 인기를 끌어 대통령에 당선되었다. 이렇듯 이명박, 윤석열 대통령은 특별한 사회적 분위기 속에서 대통령에 당선되었다.

나머지 8명의 대통령은 정당에서 국회의원을 거쳐 대통령에 당선된 사람들이다. 초대 대통령인 이승만 대통령은 1948년 실시된 제1대 국회의원 선거에서 서울 종로구로 출마해 당선되어 잠시 국회의원으로 활동하다가 초대 대통령이 되었다. 그 외 윤보선, 김영삼, 김대중, 노무현, 박근혜, 문재인, 이재명 대통령 등은 모두 국회의원을 거쳤다.

이상의 내용을 보면, 특별한 경우를 제외하면 대통령이 되기 위해서는 국회의원을 거치는 것이 일반적임을 알 수 있다. 따라서 대통령이 되고자 한다면 먼저 국회의원이 되어야 한다.

먼저, 정당의 대통령 후보군에 들어야 한다

우리나라의 국회의원은 300명이다. 이 많은 국회의원 중에는 대통령을 꿈꾸는 사람이 있을 것이다. 하지만 그들 중에 정당의 대통령 후보가 될 수 있는 사람은 1명이다. 정당의 대통령 후보 1명은 대통령 후보 경선을 통해 뽑는데, 이때 대통령을 꿈꾸는 이들이 경선에 출마한다. 하지만 정당의 최종 대통령 후보로 뽑히는 것은 단지 출마에 대한 욕심만으로 되는 것은 아니다. 이때 중요한 것은 여론조사 결과이다. 대통령 선거 시기가 다가오면 대통령 후보 여론조사가 시행되는데, 이때 어느 정도 지지율을 얻어야 비로소 국민에게 대통령 후보군에 든다는 인정을 받을 수 있다. 그리고 여론조사 결과는 곧바로 정당의 대통령 경선에도 큰 영향을 미친다.

따라서 대통령을 꿈꾼다면 일단 대통령 후보 여론조사

에 자신의 이름을 올릴 수 있어야 한다. 우리나라에서 대통령 후보 여론조사에 이름을 올리는 사람들을 살펴보면 대개 당대표나 국무총리까지 역임한 경우가 많다. 또는 도지사 등 지자체장을 맡고 있는 사람들도 포함된다. 특별한 사건을 통하여 갑자기 이름을 올리는 이들도 있다. 우리는 이를 통하여 단지 국회의원의 경력만으로는 대통령 후보군에 이름을 올리기가 쉽지 않다는 것을 알 수 있다. 국회의원으로 업적을 쌓은 후 자신의 이름을 알릴 수 있는 위치까지 올라가야 비로소 대통령 후보군에 이름을 올릴 수 있다.

정당의 대통령 후보가 되는 과정

대통령 후보군에 이름을 올렸다면 다음으로 정당의 대통령 후보가 되기 위한 단계에 돌입해야 한다. 우리나라 정당에서 대통령 후보는 당내 경선을 통하여 선출된다.

당내 경선에 참여하려면 정당의 예비후보에 등록해야 한다. 각 정당은 내부 규정에 따라 예비후보에 등록할 수 있는 기간을 정하고 있다. 대개는 대통령 선거일 몇 개월 전부터 등록하도록 규정하고 있다. 그래야 본 선거에 대비할 수 있기 때문이다. 각 정당이 경선을 치르는 방식은 후보자들 간의 각종 토론회, 연설, 유세 등의 방식으로 진행한 후 다양한 방식으로 최종 후보자를 선출한다. 그중에 일반 당원과 대의원 투표, 여론조사 등을 합산하여 최고 득표를 얻은 사람을 선출하는 것이 일반적 방법이다.

대통령 후보를 선출하는 방식 중 완전국민경선제(오픈 프라이머리, Open Primary)가 있다. 당원뿐만 아니라 일반 국민도 유권자로 등록하면 투표에 참여할 수 있게 해주는 제도다. 2002년 새천년민주당은 대선 후보 경선을 완전국민경선제 방식으로 뽑았는데, 그때 돌풍을 일으키며 당선된 사람이 노무현 전 대통령이다. 당시 새천년민주당은 지역을 돌며 국민과 당원이 함께 참여하는 전국 순회 경선을 진행하였다.

2002년 3월 9일 제주를 시작으로 4월 27일 서울까지 총 16개 지역에서 경선을 진행하였는데 예상을 뒤엎고 노무현 후보가 당선됨으로써 전 국민적 관심을 불러일으켰다. 노무현 후보는 이 '노무현 바람'을 바탕으로 대통령에 당선되기에 이른다.

경선이 끝나면, 각 정당은 대규모 전당대회를 통하여 최종 결과를 발표하고 공식적으로 대통령 후보를 결정한다. 이때 대통령 후보에 당선된 사람은 그야말로 당의 최고 권력을 가지면서 대통령 선거를 이끌게 된다.

대통령 선거에서 대통령으로 확정되는 과정

대통령 후보로 결정되면 드디어 대통령 선거에 나갈 수 있게 된다. 대통령 선거의 공식 후보자 등록은 대통령 선거일로부터 24일 전부터 2일간 진행된다. 이 기간에 대통령 후보로 등록하면 후보자들은 공식적인 선거 운동을 시작할 수 있다. 대통령 후보에 등록할 때 후보자는 기탁금 3억 원을 납부해야 한다. 정당의 후보자가 된 사람은 정당의 지원이 있으므로 개인적 부담을 줄일 수 있다.

선거가 시작되면 정당은 대통령 후보자를 지원하기 위한 모든 노력을 다하게 된다. 보통 전국적인 대통령 선거를 치르기 위해서는 수백억 원이 든다고 알려져 있다. 이것은 개인이 부담하기 힘든 액수다. 이 때문에라도 정당의 대통령 후보가 되는 것은 중요하다. 정당으로부터 대부분의 금액을 지원받을 수 있기 때문이다. 사용한 선거 비용은 10~15% 득표율을 받으면 50%를 보전받을 수 있고 15% 이상 득표율을 받으면 100% 보전받을 수 있다. 만약 득표율이 10% 미만이면 보전받을 수 없다. 물론 법이 허용한 한도 내에서 집행한 선거 비용만 보전이 가능하다. 2022년에 치러진 20대 대선에서 윤석열, 이재명 후보 모두 400억 원 이상을 보전받은 것으로 알려져 있다.

선거 운동이 시작되면 전국적인 유세와 정책 발표, TV

토론 등의 방식으로 선거 운동이 펼쳐진다. 선거 운동 기간은 선거일 22일 전부터 23일간이다. 후보자는 이 기간에 TV 토론, 거리 유세, SNS 활용 등의 선거 운동이 가능하므로 최대한 자신을 알리기 위해 노력해야 한다.

대통령 선거에서 가장 중요한 부분 중 하나가 여론조사 발표이다. 그 이유는 이것을 통하여 현재 돌아가는 판세를 대략 읽을 수 있기 때문이다. 이 때문에 여론조사는 대통령 선거에서 가장 큰 영향을 미치는 것으로 인식되어 있다. 중앙선거관리위원회에서는 「공직선거법」 제108조 제8항에서 "선거일 6일 전부터 선거일까지 여론조사의 결과를 공표하거나 인용하여 보도할 수 없다."라는 규정을 정하고 있다. 이 6일 동안 판세가 어떻게 돌아가는지 알 수 없으므로 이 기간을 '깜깜이 기간'이라 부르기도 한다.

대통령 선거는 사전투표와 당일 투표의 방식으로 진행되며, 투표 종료 후부터 개표를 시작한다. 득표 차가 클 경우 당일 밤늦게 당선자를 확인할 수도 있으나 대개는 개표가 치열하게 진행되어 다음 날 새벽이 되어서야 당선자가 확정된다. 이렇게 하여 최종 대통령 당선인이 확정되면 드디어 대한민국 대통령 당선인 신분이 된다.

선거에 당선되었는데도 곧바로 대통령이 되지 못하는 이유는 아직 현직 대통령이 있기 때문이다.

대통령 당선인에서 대통령이 되기까지

우리나라 헌법 제68조 1항에는 "대통령의 임기 만료에 따른 선거는 임기 만료 70일 전 이후 첫 번째 수요일에 실시한다."라고 되어 있다. 이에 따라 대통령 선거는 현직 대통령 임기 만료 약 두 달 전에 실시된다. 따라서 대통령 선거에 당선된 사람은 약 두 달간 대통령 당선인 신분으로 지내게 된다.

대통령 당선인과 그의 가족은 대통령에게 준하는 국가 차원의 경호를 받으며 공식 사무실 및 활동비를 지원받는다. 또한 전용 차량 및 보안 시설을 제공받는다. 이 기간에 대통령 당선인은 대통령직인수위원회(인수위)를 운영할 수 있는데, 이때 현 정부와의 인수인계가 이루어지고 국정 운영 방향을 설정하며 국무총리 및 장관 후보자 선정 등의 일을 진행하게 된다. 그리고 대통령 이취임식을 통하여 비로소 대한민국 대통령의 자리에 오르는 것이다.

대통령 직업의
장점과 단점

대통령은 장점과 단점이 극명하게 갈리는 직업이다. 대통령은 국가 최고 지도자의 자리이므로 이보다 더 명예로운 직업이 있을 수 없다. 하지만 장점이 클수록 단점도 크다. 대통령은 재임 중 막강한 권한을 갖고 주목을 받지만, 임기 후에는 책임과 부담이 계속 따라온다. 실제로 우리나라 역대 대통령들 중에 임기 후 법적 문제에 휘말리거나, 정치적 논란 속에 힘든 시간을 보내는 이들이 많다. 이처럼 대통령은 나라를 이끄는 영광스러운 자리인 동시에, 막중한 책임과 위험을 감수해야 하는 직업이다.

대통령 직업의 장점

대통령은 국가를 대표하는 최고 지도자의 자리이므로 가

장 명예로운 직업이라고 할 수 있다. 최고 권력자로서 자신이 원하는 방향으로 국정을 운영할 수 있으며 국가 발전을 위한 개혁과 변화를 주도할 수 있다. 또 국제무대에서 국가를 대표하여 국가의 위상을 높이는 데 기여할 수도 있다. 그리고 이러한 모든 활동이 역사에 대대로 기록된다. 그만큼 중요하고 명예로운 자리이기 때문이다.

대통령이 되면 국가로부터 전용 관저가 제공된다. 윤석열 대통령을 제외하고는 청와대가 대통령의 집무실과 관저로 사용되었다. 청와대는 약 25만 제곱미터(약 7만 7천 평)에 달하는 넓은 부지에 본관, 관저, 영빈관, 춘추관, 상춘재, 녹지원 등 여러 건물과 정원이 조화를 이루는 복합 공간으로, 대통령의 일상과 국정 운영이 함께 이루어지는 상징적인 장소였다. 대통령은 이 공간에서 국가를 대표하는 주요 결정을 내리고 국정을 이끌어 나갔다.

공식적으로 알려진 대통령의 연봉은 2억 2천만 원 정도이며 이 외에도 차량 운영비, 전용 관저 운영비, 경호 등 각종 혜택을 제공받는다. 퇴임 후에도 전직 대통령 예우에 관한 법률에 따라 대통령 연금, 경호, 사무실 지원 등을 제공받는다. 즉 대통령은 재임부터 시작하여 퇴임한 후까지도 경제적 지원을 제공받을 수 있는 직업이다.

대통령 직업의 단점

대통령은 나라의 얼굴이므로 모든 국민의 최대 관심 대상이 된다. 이 때문에 대통령의 일거수일투족이 늘 언론을 통하여 주요 보도의 대상이 된다. 이에 따라 국민은 대통령 주변에서 일어난 일에 대하여 비교적 잘 알 수 있다.

대통령은 국가 운영의 최고 책임자로서 경제, 외교, 안보, 사회 문제까지 국민의 기대와 비판을 동시에 받는 위치에 있다. 따라서 조금이라도 잘못한 것이 발견되면 반대 세력(야당, 시민단체 등)의 극심한 비판을 받는다. 대통령에 대한 정치적·사회적 비판은 언론을 통하여 매일 보도되므로 국민에게 그대로 알려진다. 이에 따라 대통령은 극심한 스트레스를 받을 수 있다.

한편 우리나라에서 대통령은 5년 단임제를 시행하기 때문에 5년 동안 대통령을 할 수 있다. 대통령이 되는 것은 한 개인이 누릴 수 있는 최고의 영예이지만, 5년의 임기를 마치고 자리에서 물러날 때는 그만큼 큰 책임과 무게를 내려놓는 순간이기도 하다. 이로 인해 깊은 허탈감이나 공허함을 느낄 수도 있다. 또 5년 안에 추진하지 못한 정책에 대해 아쉬움을 가질 수도 있다.

우리나라 역대 대통령 중에는 퇴임한 후 사법처리된 사례가 많다. 반대 세력이 정권을 잡을 경우 임기 중에 벌어

진 잘못된 정책이나 비리 등을 파헤쳐 법적 조사가 이루어
지기 때문이다. 실제 우리나라 역대 대통령 중 전두환, 노태
우, 박근혜, 이명박, 윤석열 등이 사법처리되어 구속되었다.

대통령이 갖추어야 할
법 정신과 윤리의식

대통령은 국가를 대표하고 통치하는 최고 권력자이기에, 누구보다도 강한 법 의식과 윤리적 책임감을 갖추어야 한다. 국가의 최고 권력을 보유하고 있기에, 권력 남용의 위험이 항상 따르게 마련이다. 이 때문에 법 정신과 윤리의식이 약하면 얼마든지 법을 어기고 비리를 저지를 가능성이 존재하는 것이 바로 대통령직이다.

대통령 선서

대통령에 취임할 때 반드시 '대통령 선서'를 한다. 우리나라 헌법 제69조에는 다음과 같은 대통령 선서문을 지정하고 있다.

"나는 대한민국 대통령으로서, 대한민국 헌법을 준수하고, 국가의 안전과 자유를 지키며, 국민의 권리와 자유를 보장할 것을 엄숙히 선서합니다."

이 선서에는 대통령이 지켜야 할 법 정신이 담겨 있다. 가장 먼저 대통령은 헌법을 지키고 보호할 의무가 있다. 헌법은 나라의 최고법이다. 우리나라 헌법에는 국민의 안전과 권리와 자유 보장에 관한 내용이 담겨 있다. 대통령은 이러한 국민의 안전과 자유를 보장해 주고 권리를 행사할 수 있도록 최선을 다해야 한다. 이것이 대통령이 가져야 할 헌법 정신이다. 헌법의 정신과 가치를 이해하고 실천하는 것은 대통령이 중요한 책무 중 하나이다.

대통령에 취임할 때 이러한 선서를 하도록 하는 것은 대통령에게 헌법과 법률을 존중하고 따르도록 법적 구속력을 갖게 하기 위함에 있다. 이는 이를 어길 시 법적 처벌을 받겠다는 뜻이 포함된다. 따라서 대통령은 헌법과 법을 반드시 지키겠다는 강력한 법 정신을 지니고 있어야 한다. 또한 대통령 선서는 국민을 위한 지도자로서의 책무를 다하겠다고 국민 앞에서 약속하는 것이므로 법 정신에 대한 더 큰 책임감을 가져야 한다.

대통령이 된다는 것은 단지 한 사람만의 영예가 아니다. 그 지위는 가족은 물론 친인척에게까지 영향력을 미친다. 그래서 대통령이 되면 이익과 권력에 눈먼 사람들이 주변에 몰려들 수 있다. 실제로 과거 대통령들 중에는 가족이나 측근의 비리로 어려움을 겪은 경우도 있었다.

따라서 대통령은 누구보다도 높은 윤리의식을 갖추어야 하며, 스스로 절제하고 공정함을 지키는 태도가 매우 중요하다. 이러한 윤리적 기준을 지키는 데 도움이 되도록 대통령실에는 민정수석비서관 제도를 두고 있다. 민정수석실⦁은 대통령과 주변 인물들이 법과 윤리를 벗어나지 않도록 감시하고 관리하는 보조적인 역할을 한다.

그런데도 대통령의 윤리의식이 약하면 대통령 주변 친인척들의 비리는 얼마든지 발생할 수 있다. 하지만 대통령이 매우 강한 법 정신과 윤리의식을 지니고 있으면 대통령 주변 친인척들의 비리는 절대 발생하지 않는다.

대통령 주변의 비리 문제는 단지 친인척에 국한하지 않

⦁ 민정수석의 주요 역할은 대통령에게 법률과 관련된 조언을 해주고, 법이나 제도를 더 나은 방향으로 바꾸는 일을 돕는다. 또 공무원들이 규칙을 잘 지키도록 살피고, 국민의 인권을 보호하며, 검찰·경찰 등과 협력해 공정한 사회를 만드는 일을 한다.

는다. 대통령 주변 사람들이 대통령 이름으로 부당한 특혜, 불법 행위를 저지를 수도 있기 때문이다. 실제 이런 일이 일어나 언론에 보도되기도 했다. 이런 일이 생기면 대통령의 명예와 신뢰에 큰 손상이 가게 되므로, 대통령은 본인뿐만 아니라 주변의 윤리적 문제도 잘 관리해야 한다. 윗물이 맑으면 아랫물도 맑다는 속담처럼 대통령이 깨끗하면 그 아래도 깨끗할 수밖에 없다. 반대로 대통령이 흐리면 그 아래에서도 온갖 비리가 발생한다는 사실을 명심해야 한다.

대통령의
하루 따라가기

대통령의 하루는 어떻게 이루어질까? 온 국민의 관심사이므로 궁금하지 않을 수 없다. 하지만 국가 최고 지도자의 일정은 국가의 안보나 외교에 큰 영향을 미칠 수 있기 때문에 대개 공개하지 않는 것이 원칙이다. 그럼에도 불구하고 하루 일정을 공개한 대통령의 하루를 들여다보자.

노무현 대통령이 공개한 하루●

　다음은 노무현 사료관에서 공개한 과거 노무현 대통령의 하루이다.

　아침 7시, 청와대 관저에서 아침이 시작된다. 아침 식사 후 본관 집무실로 출근한다. 첫 행사가 시작되기 전, 5분~10분간 주로 비서실장의 보고가 이루어진다.

　오전 회의는 11시 30분 전후해서 끝난다. 회의에서 대통령이 말하는 시간은 30분에서 40분 정도이다. 정책을 결정하는 회의에서는 참석자들이 꺼낸 문제를 하나하나 메모한 끝에 자신의 의견을 말하기 때문에 발언 시간이 길어지는 경우가 많다.

　점심은 오찬(잘 차려서 손님을 대접하는 점심 식사) 행사로 이루어지며 주로 영빈관에서 열린다. 간담회나 보고를 겸한 오찬은 본관 집무실 근처에서 이루어진다.

　잠깐의 휴식 뒤에 오후 일정이 이어진다. 집무실에 있을 때에도

● 　다음 내용은 '노무현 사료관'의 청와대 브리핑 2005.6.5 <국정일 게(11) 대통령의 1일 일지>에서 발췌하여 재구성했다. 청소년을 위해 어려운 내용은 쉽게 윤문하였다.

수많은 결재 서류를 처리하고 현재 해결해야 할 문제에 대한 보고를 듣는다. 사이사이 보고서나 책도 챙겨 본다.

오후 6시~7시에는 저녁 만찬이 이루어진다. 외부 손님이 있는 경우에는 2시간을 훌쩍 넘기기도 한다. 청와대에서의 어느 하루가 그렇게 끝난다.

우리나라 역대 대통령들

우리나라 역대 대통령은 초대 이승만부터 21대 이재명 대통령까지 총 14명이다. 이 중에서 굵직한 업적을 중심으로 각 대통령에 대해 살펴보자.

초대 대통령인 이승만은 남북 분단 상황에서 남쪽에 민주주의 정부를 세웠다는 점에서 공로가 있다. 하지만 이승만 대통령은 장기 집권과 부정선거 등의 문제로 물러나게 되었다. 이후 민주주의 선거에 의해 윤보선 대통령이 당선되었으나 박정희가 일으킨 5.16 군사정변에 의해 물러나고 만다.

박정희 대통령은 세계 최빈국에 속하던 우리나라의 경제를 발전시켰다는 점에서 공로가 있다. 그러나 그는 무려 18년이나 장기 집권하며 반대 세력을 탄압하는 등 문제를 일으켰다. 결국 10.26 시해(국가 원수의 생명을 해침) 사건으로 권력이 끝나고 만다.

이후 우리나라는 잠시 정권을 맡은 최규하 대통령을 거쳐, 전두환·노태우 대통령 등 군사정권 시절을 겪었다.

전두환 대통령은 88서울올림픽을 유치한 공로가 있으며 노태우 대통령은 중국과 최초로 수교한 공로가 있다. 하지만 두 군사정권 모두 퇴임 후 과거 5.18과 12.12 군사 반란 사건에 대한 처벌과 뇌물 사건 등으로 인하여 사형선고를 받기에 이른다. 그러나 이후 특사로 풀려나 사형은 집행되지 않았다.

김영삼 대통령은 드디어 우리나라가 군사정권을 끝내고 최초의 민주주의 문민정부를 세웠다는 점에서 공로가 있다. 금융실명제 등 개혁을 이루어 내기도 했다. 하지만 이 시기에 IMF 외환위기가 발생하여 우리나라는 가장 큰 경제적 위기에 처하게 되었다.

김대중 대통령은 IMF 외환위기를 극복하였다는 점에서 큰 공로가 있다. 그리고 최초로 북한의 김정일과 만나 노벨 평화상 수상자가 되었다. 하지만 아들들의 비리가 터진 부분이 오점으로 남아 있다.

노무현 대통령은 부패 척결을 위한 노력과 언론 개혁을 추진하는 등 여러 방면에서 의미 있는 변화를 이끌었으나, 재임 당시 경제 상황이 좋지 않아 많은 비판을 받았다. 그러나 임기가 끝난 뒤에는 국민에게 큰 사랑을 받는 대통령으로 기억되었다.

이명박 대통령은 청계천을 복원하고 교통 시스템을 혁신한 공로가 있다. 하지만 퇴임 후 과거의 비리 때문에 재판받고 형을 살기도 했다.

박근혜 대통령은 아버지의 후광으로 대통령이 되었으나 국정농단 사건으로 탄핵되어 대통령에서 물러난 최초의 대통령이 되었다.

문재인 대통령은 북한의 김정은과 세 차례나 만나 정상회담을 하는 기록을 세웠다. 그러나 부동산 가격의 상승을 막지 못해 비판의 대상이 되었다.

　윤석열 대통령은 임기 내내 낮은 지지율을 기록하다가, 2025년 12월 3일 갑작스럽게 비상계엄을 선포해 내란 혐의로 국회에서 탄핵되었다. 재임 중 뚜렷한 성과는 없었다.

　이재명 대통령은 2025년 제21대 대통령 선거에서 당선되었다. 서민 출신이라는 배경으로 많은 국민의 공감을 받았다. 공정한 사회와 민생 경제 회복을 가장 중요한 과제로 삼고 있다. 현재(2025년) 취임 초기인 만큼 앞으로 어떤 성과를 낼지 많은 관심이 쏠리고 있다.

　이처럼 역대 대통령들의 업적과 한계를 살펴보면, 대통령이라는 직업이 얼마나 막중한 책임을 지는 자리인지 알 수 있다. 한 사람의 결정이 수많은 국민의 삶에 영향을 미치기 때문에, 대통령은 높은 윤리의식과 판단력, 국민을 위한 헌신적인 태도를 갖춰야 한다. 대통령은 그만큼 보람도 크지만, 잘못된 선택이 큰 비판과 책임으로 돌아오기 때문에, '권력'보다 '책임'이라는 관점에서 바라보는 태도가 중요하다.

5장
정치가의 미래

정치와 연결된 다양한 직업들

정치가가 되는 길에는 전문적인 정치인의 길을 걷는 방법도 있지만 다른 직업에서 일하다가 정치가가 되는 경우가 더 많다. 따라서 곧바로 정치가의 길로 뛰어들기보다 다른 직업에서 일하다가 정치가가 되는 것도 생각해 볼 만하다. 왜냐하면 우리나라 현실에서 청년 시절부터 정치가의 길을 걷는 것은 만만치 않은 과정이기 때문이다.

만약 다른 직업에서 일하다가 정치가가 되는 길을 생각해 본다면 정치와 연결된 직업을 선택하는 것이 현명한 방법이 될 것이다. 앞에서 22대 국회의원의 직업군에 대한 이야기를 하였는데, 이 직업들이 곧 정치와 연결된 직업이라고 할 수 있다.

정치와 연결된 직업들

정치와 가장 가까이 연결된 직업으로 법조인을 들 수 있다. 22대 국회의원 중 법조인 비율은 약 45~50명으로 전체의 15~17%를 차지한다. 전문 정치인 출신을 제외하면 가장 많은 국회의원을 배출한 직업이다. 실제 역대 여당과 야당의 당대표 중 법조인 출신이 다수이며, 대통령 중에서도 노무현 대통령, 문재인 대통령, 윤석열 대통령, 이재명 대통령이 법조인 출신이다. 이 때문에 많은 법조인이 정치에 관심을 가지고 뛰어들고 있으며 실제로 정당에서도 주도적인 역할을 하고 있다. 법조인이 정치가가 되기에 유리한 이유는 아무래도 정치를 하려다 보면 법 지식이 많이 필요하기 때문이라고 할 수 있다.

법조인 다음으로 높은 비율을 차지하는 직업은 고급 관료이다. 고급 관료란 국무총리, 장·차관, 외국 대사 출신 등의 고위직 공무원을 뜻한다. 고위직 공무원은 이미 정치와 관련된 일을 해본 사람이라고 할 수 있다. 그러므로 국회의원이 되는 데 매우 유리한 조건과 경험을 갖추고 있다.

고위직 공무원과 관련하여 대학교수 출신도 22대 국회의원에 많이 포함되어 있다. 고위직 공무원은 승진으로 얻는 자리가 아니라 대통령이나 총리 등이 임명하는 자리이다. 이때 대학교수 출신들이 많이 추천받고 임명되고 있다.

이 때문에 이미 정치 경험이 있는 대학교수들이 많이 있다. 대학교수들은 전문 지식과 연구 경험을 바탕으로 법률과 정책을 이해하고 만들 수 있는 능력을 갖추고 있어, 국회의 원으로서 입법 활동을 수행하는 데 유리하다. 이런 이유로 교수 출신들이 국회의원이 되는 경우가 고위직 공무원 다음으로 높은 비율을 차지하고 있다.

국회의원이 되는 직업 중에 언론인도 빼놓을 수 없다. 여기서 언론인이란 기자나 앵커 등을 말한다. 기자나 앵커 중 정치부에 속한 사람들은 뉴스를 취재하고 보도하는 과정에서 정치가와 가까워질 수밖에 없다. 자연히 정치에 관심을 가지며 정치가가 되고 싶은 마음을 먹을 수 있다. 이 때문에 22대 국회의원 중 언론인 출신의 비율이 다른 직업에 비해 높은 편이다.

정치와 연결된 직업으로 기업인 출신도 빼놓을 수 없다. 정치에서 핵심은 경제를 발전시켜 국민을 잘살게 해주는 것이고, 그 일은 기업인 출신들이 가장 잘 해낼 수 있다. 이 때문에 기업에서 어느 정도 업적을 쌓은 사람들이 정치계에 많이 뛰어들고 있다.

정치와 연결된 기타 직업들

나라를 위해 일하는 직업 중에 노동운동가, 시민운동가

가 있다. 이들은 정당에 가입하여 활동하는 정치인은 아니지만, 정치와 비슷한 일을 하는 사람들이라고 할 수 있다. 특히 22대 국회의원이 된 사람 중 노동운동가, 시민운동가 출신 비율도 생각보다 높다. 이들은 어떻게 국회의원이 될 수 있었을까?

노동운동가란 노동 현장에서 노동자의 인권을 위해 활동하는 사람이다. 사회운동가란 사회 현장에서 시민의 인권을 위해 활동하는 사람이다. 이러한 운동을 하다 보면 기득권 세력과 충돌이 생길 수밖에 없고 이 과정에서 정치와 연결되기도 한다. 이렇게 하여 노동운동가와 시민운동가는 지역사회에서도 인지도가 높아지고 정치계 안으로 들어오게 되며 국회의원의 자리에까지 오르는 것이다.

그 외의 직업으로 의사 출신 정치가도 더러 있다. 주로 의사협회 등에서 일하던 의사들이 정치와 연결되기 쉽다. 또 군인 출신 정치가도 등장하고 있다. 과거 군사정권 시절에는 군인 출신 정치가가 매우 많았으나, 문민정부가 들어선 이후로는 정치군인에 대한 나쁜 이미지 때문에 군인 출신 정치가의 수가 크게 줄어들었다. 하지만 최근(2025년 기준) 다시 전직 장성(군대에서 높은 계급인 장군을 지낸 사람) 출신 국회의원이 10여 명에 이를 정도로 비율이 높아지고 있다.

다른 직업에 비해 많지는 않지만, 연예인이나 운동선수 등도 정치의 문을 두드리는 경우가 있다. 국회의원은 각 직업 분야를 대표해야 한다는 점에서 바람직한 현상이라고 할 수 있다. 그외 종교인이나 농민 출신의 국회의원도 등장하고 있다.

정치가의 현재 상황과 미래 전망

현재 정치를 바라보는 국민의 시선은 결코 긍정적이지 않다. TV를 켜면 정치인들 간의 격한 논쟁이나 대립 장면이 반복되니, 국민들이 피로감을 느끼는 것도 무리는 아니다. 게다가 정치인들이 국민을 위한 정치를 하기보다는 자신들의 권력을 위한 정치를 한다는 생각이 드는 것이 사실이다. 이처럼 정치에 대한 불신은 깊어질 수밖에 없고, 이제는 정치가 국민을 걱정하는 것이 아니라 국민이 정치를 걱정해야 하는 상황이 되어 버렸다.

정치가의 현재 상황과 개선점

그동안 정치가 국민에게 실망을 안겨준 일이 많았기에, 정치의 필요성 자체를 의문시하는 사람도 있을 것이다. 하지만 한 나라를 운영하기 위해서 정치가는 꼭 필요한 직업이다. 정치가 없으면 나라의 운영이 제대로 될 수 없기 때문이다.

민주주의가 발전하면 시스템으로 돌아간다는 말이 있다. 이는 누가 정치를 하든 발전된 법과 제도에 의해 자연스럽게 나라가 잘 돌아감을 뜻하는 말이다. 민주주의가 발전한 나라일수록 시스템이 잘 만들어져 있어 누가 정치를 하든 크게 휘둘리지 않고 국가는 잘 운영된다.

반대로 민주주의가 덜 발전한 나라에서는 누가 정치를 하느냐에 따라 국가의 미래가 크게 달라진다. 우리나라는 경제적으로는 선진국 대열에 올랐지만, 정치적으로는 아직 선진국 수준에 이르지 못한 측면이 있다. 겉보기에는 민주주의가 정착된 것처럼 보일 수 있으나, 조금만 깊이 들여다보면 아직 제도와 문화가 충분히 성숙하지 않았음을 많은 국민이 체감하고 있다. 이는 정치가 시스템보다 인물에 크게 의존하는 구조에서 비롯된 문제이기도 하다.

우리나라의 정치 발전을 막는 가장 큰 요인 중 하나는 좌우 대립이다. 과거에는 지역대립이 심각했으나 근래에는 좌우 대립이 정치의 발전을 막고 있다, 민주주의는 갈등과 대립을 협의와 화합으로 이끌어내는 제도인데, 현재 우리나라의 정치는 협의와 화합에서 멀어진 상태다. 정치가는 이 문제를 해결할 수 있어야 한다.

우리나라 정치의 가장 큰 위기는 선거의 불신에서도 찾을 수 있다. 선거는 민주주의의 꽃이라고 할 수 있는데, 부정선거를 믿는 사람들이 점점 늘어나고 있다. 이러한 불신을 회복할 수 있는 방법을 찾아내는 것이 정치가의 책무라고 할 수 있다.

정치가 직업의 미래 전망

정치가를 꿈꾸는 청소년들은 미래의 정치가가 될 사람들이다. 현재의 정치가 어둡다고 미래의 정치까지 부정적으로 생각할 필요는 없다. 정치도 경제처럼 계속 발전할 것이며, 내가 정치를 바꾸는 주인공이 되면 되기 때문이다.

그렇다면 정치가라는 직업의 미래 전망은 어떨까? 인공지능 기술의 발달로 인해 많은 직업이 미래에 없어질 것이란 이야기가 제기되고 있다. 심지어 의사, 변호사라는 직업까지 줄어들 것이란 말도 나돈다. 하지만 미래에도 정치가라는 직업은 줄어들지 않으리라고 예상된다. 왜냐하면 아무리 인공지능 기술이 발달한다고 하더라도 정치를 인공지능에게 맡길 수는 없기 때문이다.

다만 정치가라는 직업에도 여러 분야가 있는데, 각 분야에 따라 전망이 밝은 직업도 있고 어두운 직업도 있을 것이다. 또 정치가가 하는 일에서도 인공지능 기술이 도입되면서 많은 변화가 있을 것으로 예상된다. 이러한 정치가의 미래 전망을 좀 더 구체적으로 살펴보자.

우리나라의 대표적 정치가인 국회의원은 거의 10명에 달하는 보좌진을 두고 있다. 이러한 보좌진은 국회의원의 업무를 돕기 위해 필요한 인원들이다. 그런데 이들이 하는 일 중 많은 부분은 인공지능이 대신할 수 있을 것으로 전망된다. 따라서 국회의원 보좌진의 직업은 미래에 줄어들 가능성이 높다.

국회의원 자체의 미래 직업 전망은 어떨까? 이것은 국회의원이 하는 일을 인공지능이 대신할 수 있는지를 알아보면 어느 정도 파악할 수 있다. 국회의원이 하는 일 중 인공지능은 정책 분석, 법안 작성, 여론조사 등의 분야에서 사람보다 더 나은 역할을 해낼 수 있다.

그러나 국회의원이 하는 일 중에는 정치적 결정, 도덕적 판단, 협상 등의 일도 있는데, 이 영역에서는 인공지능이 대체하기가 어렵다. 따라서 국회의원 직업은 미래에도 없어지지 않으면서 오히려 인공지능의 도움을 받아 더 효율적으로 일을 처리해 낼 것으로 보인다. 대통령이나 총리 등의 미래 전망도 국회의원과 같은 차원에서 파악할 수 있을 것이다.

하지만 변수가 없는 것은 아니다. 국회의원이 지금처럼 국민의 불신을 쌓아간다면 국회의원 무용론이 나와 미래의 국회의원 수가 줄어들 가능성도 있다. 실제 우리나라에서 국회의원은 지역구에서 뽑는데, 이는 지방자치단체장과 겹치는 문제도 있다. 그런 점에서 300명이나 되는 국회의원과 보좌진까지 합하여 거의 수천 명이나 되는 정치가들을 유지할 필요가 있는가 하는 문제가 크게 대두할 수도 있다.

최근 우리나라에서는 헌법을 바꾸자는 움직임이 일어나고 있으며, 그중 하나로 내각책임제로의 개헌이 논의되고 있다. 만약 개헌을 통해 내각책임제가 도입된다면, 지금처럼 대통령이 모든 국가 운영의 중심이 되는 체제는 바뀌게 된다. 내각책임제에서는 대통령이 국가의 상징적 대표에 머물고, 실제 정치 운영의 중심은 총리가 맡게 된다. 즉, 대통령은 외교나 의례적인 역할을 수행하고, 총리가 국정을 실질적으로 책임지는 구조다.

내각책임제는 국회의 신임을 받은 총리가 정부를 운영하기 때문에 책임 정치가 강화되고, 정국 운영의 안정성이 높아질 수 있다. 반면, 국회의 다수 의견에 따라 정부가 자주 바뀔 위험이 있어 정치적 불안정이 발생할 가능성도 있다.

4차 산업혁명 시대, 미래의 정치가는 어떻게 바뀔까?

여기에서는 4차 산업혁명이 완성된 미래에 정치가의 모습은 어떻게 바뀔지 상상해 보자. 미래에는 인간에게 가까운 인공지능이 개발되고 모든 사회 시스템과 생활 시스템이 스마트화되어 있을 것이기 때문에 정치가의 모습도 상당한 변화가 있을 것으로 예상된다.

미래 국회의원이 일하는 모습

현재에도 많은 정치적 활동이 점점 더 인터넷과 소셜 미디어를 중심으로 이동하고 있다. 또 인공지능을 활용하여 처리하는 업무가 점점 많아지는 상황이다. 미래에 인공지능 기술이 고도로 발전하면 이러한 정치인의 업무 모습은 크게 달라질 것이다. 다음은 미래에 국회의원이 맡게 될 업무 모습을 상상해 본 것이다.

기존의 전화 여론조사는 점차 사라지고, 보다 정확하게 현실을 반영하는 빅데이터 방식으로 바뀐다. 인공지능을 기반으로 고도로 발달한 빅데이터는 유권자의 생각을 정확히 읽어내며 거의 오차 없는 지지도를 분석해 낸다. 이로써 빅데이터는 국회의원들이 자신의 지지도를 알아보는 가장 중요한 도구가 된다.

의원 사무실은 최첨단 기술로 스마트화되어 보좌진은 이러한 스마트 기술을 잘 다룰 수 있는 2명만 근무하고 있다. 국회의원은 보좌진의 도움을 받아 빅데이터를 바탕으로 여론을 분석하고 선거 전략을 세우며, 지역구 주민에게 가장 필요한 정책을 설계한다. 한편 인공지능 기술이 반영되어 더욱 발달한 SNS 기술을 이용하여 유권자들과 소통하는 것도 시간과 장소의 제약을 받지 않고 가능해진다. 국회의원의 아바타가 현장에 출동하여 주민들과 소통하며 문제해결에 나선다.

인공지능에 의해 모든 행동이 분석되므로 투명한 정치가 실현된다. 비리가 줄어들고 정상적인 정치가 이루어진다. 인공지능을 효과적으로 활용한 국회의원은 곧바로 가시적인 성과를 내며, 지역 주민들로부터 주목과 신뢰를 얻는다.

반대로 극단적 정치 이념에 치우친 국회의원은 잘못된 정치 문제가 인공지능에 의해 모두 드러나므로 인기가 떨어져 서서히 사라

져간다. 인공지능은 빅데이터에 의해 사회 문제, 청년 문제, 경제 문제를 정확히 짚어낼 뿐만 아니라 해결책까지 과학적으로 제시하므로 정치의 성과가 점점 높아진다. 이에 따라 국회의원은 국민의 신뢰를 회복하고 존경받는 직업의 지위를 회복하게 된다.

미래 대통령이 일하는 모습

다음은 미래에 대통령이 일하는 모습을 상상해 본 것이다.

대통령의 집무실은 첨단 기술에 의해 스마트 오피스로 바뀌어 있다. 대부분의 일을 인공지능이 하므로 최소한의 인원만 대통령실에서 근무한다. 과거 수백 명이 근무하던 때와는 차원이 다르다. 대통령을 경호하는 시스템도 과거 절대 인력으로 대처하던 때와 다르게 첨단 스마트 무기로 장치되어 있어 절대 안전을 보장하고 있다.

이러한 시스템에서 대통령은 언제 어디서든 아바타 시스템을 통하여 국민과 소통할 수 있다. 국민은 스마트폰을 통하여 언제든 대통령의 아바타와 만날 수 있다. 이는 대통령의 아바타가 여러 장소에서 지역주민과 소통할 수 있는 시스템이다. 이렇게 소통한 아바타의 정보는 인공지능이 종합하여 실시간 대통령에게 보고하므로 대통령은 국민의 뜻을 파악할 수 있다.

또한, 대통령의 스마트 집무실은 정부의 주요 부서는 물론이고 국회, 사법부와도 연결되어 있어 필요한 경우 언제든 서로 소통할 수 있다. 이때 소통은 대통령의 아바타가 대신하기 때문에 대통령은 업무를 수월하게 진행할 수 있다. 첨단 소통 시스템이 되어 있어서 대통령은 실시간으로 각 부서의 상황을 간파할 수 있다.

다른 나라의 대통령과의 소통도 서로의 아바타가 가상공간에서 만나 즉각적인 회담이 이루어진다. 대통령의 아바타는 대통령과 똑같은 모습으로 대통령의 말뿐만 아니라 표정까지 따라 한다. 마치 현실에서 만나는 것처럼 느껴지기에 회담의 성과도 높다. 과거처럼 서로 만나기 위해 수만 킬로미터를 비행하지 않아도 된다. 대면 만남은 꼭 필요한 때에만 이루어진다.

지금까지 국회의원과 대통령의 미래 모습을 그려 보았다. 4차 산업혁명이 완성된 미래의 정치가는 인공지능과 스마트 기술을 적극 활용하여 더욱 투명하고 효율적인 정치 활동을 펼칠 것이다. 빅데이터를 통해 국민의 요구를 정확히 파악하고, 아바타와 가상 공간을 통해 실시간으로 소통하며 신속한 의사결정을 할 수 있다.

이를 바탕으로 국민의 신뢰를 회복하고, 부패가 줄어든 정치를 실현할 것이다. 또한, 첨단 기술 덕분에 국회의원과 대통령 모두 시간과 공간의 제약 없이 효과적으로 업무를

수행하게 된다. 결국 미래의 정치가는 기술과 인간성을 조
화롭게 결합하여 국민과 함께 성장하는 새로운 정치의 모
습을 보여 줄 것이다.

영화 속 미래의 정치가들

미래에는 어떤 모습의 정치가가 등장할까? 이 흥미로운 질문에 답을 찾기 위해 영화 속에 그려진 미래 정치가의 모습을 함께 살펴보자!

영화 〈매트릭스〉에는 네오라는 미래 시대의 정치지도자가 주인공으로 등장한다. 매트릭스란 가상 현실의 세계를 뜻하는 말로, 미래 사회에는 기계에 의해 인간이 지배되는 가상 현실 세상이 등장한다. 네오는 이러한 모순된 상황에서 인간들을 해방시키기 위해 싸운다. 비록 기계가 지배하는 세상이지만 네오는 인간 중심의 가치를 회복하기 위해 리더십을 발휘한다. 네오는 미래의 정치가지만 인간의 윤리를 잊지 않은 지도자라고 할 수 있다.

영화 〈아이언맨〉 시리즈에는 토니 스타크라는 리더가 등장한다. 그는 어지러운 세상을 구하기 위해 철저한 기술에 바탕을 둔 정치력을 발휘한다. 그는 자신의 자원과 능력을 활용하여 세계를 구하는 리더십을 발휘한다. 실제 미래 정치가는 기술적 혁신을 기반으로 문제를 해결하는 리더십이 필요하다. 이때 놓치지 말아야 할 것이 도덕적 책임감이다. 토니 스타크는 기술에 바탕을 둔 정치력을 발휘하는 동시에 도덕적 책임감을 보여 준 리더이다.

영화 〈스타워즈〉 시리즈에는 팔파틴이라는 은하 제국의 황제가 등장한다. 그는 정치적 계략으로 민주적인 사회를 독재적인 제국으로 바꾸며 절대적인 권력을 쥐게 되는 인물이다. 미래 시대를 부정적으로 본다면 팔파틴 같은 정치가가 나오지 말란 법도 없을 것이다.

영화 〈디스트릭트 9〉에서 주인공 윌리엄 커츠는 인간과 외계인 간의 갈등을 해결하는 정치가로 등장한다. 그는 외계인과 인간 사이의 사회적 불평등과 인종차별 문제 등을 해결하기 위해 노력한다. 만약 외계인이 존재한다고 가정한다면 미래에 충분히 벌어질 만한 일이다. 이러한 시대의 정치가는 인간과 외계인, 기계와 인공지능 등 다양한 존재들이 서로 협력하는 방향으로 나아갈 수 있도록 다스리는 리더십이 필요하다. 윌리엄 커츠는 그에 걸맞은 지도력을 보여 주고 있다.

영화 속 다양한 미래 정치가의 모습을 통해 우리는 무엇을 배울 수 있을까? 미래의 정치가는 첨단 기술을 활용하면서도 인간의 윤리와 도덕을 지켜야 하며, 여러 갈등과 차별을 넘어 모두가 공존할 수 있는 사회를 만들어야 한다.

여러분은 앞으로 어떤 정치가가 되길 원하는가? 힘과 권력만 추구하는 지도자와 모두를 위한 책임감을 가진 지도자 중에서 어느 쪽에 더 끌리는가? 오늘의 선택이 미래 사회를 바꿀 수 있다는 점을 기억하며, 정치가가 가진 역할과 책임에 대해 생각해 보는 시간이 되길 바란다.